Wolfgang Dorn

# Zeit gewinnen –
# verflixt,
# wie macht man das eigentlich?

Verlag Dr. Frank GmbH

Wolfgang Dorn
Zeit gewinnen – verflixt, wie macht man das eigentlich?

Herausgeber
Verlag Dr. Frank GmbH, 07545 Gera

Alle Zeichnungen
Studio Ernst Frielingsdorf, 50169 Kerpen Brüggen

Satz
Gebr. Frank KG, 07545 Gera

Druck
Gebr. Frank KG, 07545 Gera

Printed in Germany 2003
ISBN 3-934805-15-9

Ein kurzweiliges Fachbuch für Menschen,
die mehr Zeit zum Leben haben möchten.

**Zeit gewinnen – verflixt,
wie macht man das eigentlich?**

Eile dient meistens nur dazu, die Minuten zu retten,
die man durch Stunden verzettelt hat.

**4**

**6**

*Zur Einleitung*

Als ich die Erstauflage dieses Buches schrieb, fragte mich ein Freund: „Wie schaffst du es eigentlich, immer um 16 Uhr Feierabend zu machen? Wenn ich das richtig sehe, berätst du deine Kunden, machst noch rund 100 Seminare im Jahr und bist Chefredakteur einer Fachzeitschrift. Das sind doch Arbeiten, für die ein normaler Mensch nicht 24, sondern 48 Stunden brauchen würde. Aber du bist Punkt 16 Uhr aus dem Büro. Warum und wie machst du das?"

Um ihn ein bisschen zu ärgern ergänzte ich noch: „Und dann bin ich noch Vorsitzender eines Werbefachverbandes, hatte den Produktioner-Club gegründet und habe ihn auch noch als Geschäftsführer verwaltet. Du hast Recht, alles das schaffe ich von morgens 6 Uhr bis 16 Uhr am Nachmittag."

Darauf seine Frage: „Aber wie machst du das? Das will ich wissen. Daraus könnte ich doch auch lernen."

Jetzt musste ich erst eine Weile überlegen. Mir war rationelles Arbeiten mit allen Einsparmöglichkeiten seit 40 Jahren so in Fleisch und Blut übergegangen, dass ich auf anhieb diese Möglichkeiten gar nicht aufzählen konnte. Ich konnte ihm aber die Frage beantworten, warum ich diese Arbeitszeit hatte: „Als ich mich vor 40 Jahren selbstständig machte, befürchtete meine Frau, dass ich nun regelmäßig bis Mitternacht, wie alle anderen Kleinunternehmer, in meinem Büro hokken würde. Sie befürchtete weiterhin, dass dadurch die Verbindung zu unseren Freunden kaputtgehen würde und dass unsere Vorlieben wie: Essen gehen, ins Kino gehen, ins Theater gehen und Kabarett besuchen, zu kurz kämen. Ich habe dann einen Eid abgelegt. Ich habe meine zwei Schwurfinger erhoben und meiner Frau versprochen, dass ich jeden Tag, wenn ich in meinem Büro bin, Punkt 16 Uhr Feierabend machen würde. Und diesen Schwur habe ich gehalten über 40 Jahre lang."

Darauf mein Freund: „Aber wie machst du das? Jeder normale Mensch wäre schon durch die Tätigkeit als Chefredakteur einer Fachzeitschrift völlig ausgelastet und müsste Überstunden machen. Du machst locker diese ganzen Arbeiten parallel nebeneinander, veranstaltest noch nebenbei regelmäßig den Buchmacher-Markt der Schwarzen Kunst mit 40 Ausstellern und rund 1.000 Besuchern und hast dennoch deinen geregelten Feierabend mit einer geregelten Freizeit, die ihr beide ja auch nutzt. Wie machst du das? Das ist meine Frage."

Jetzt musste ich passen. Mir war gar nicht gegenwärtig, welche Möglichkeiten ich einsetzte, um diese geregelte Arbeitszeit zu erreichen. Aber nach einigem Überlegen sagte ich zu ihm: „Ich verspreche dir eins: Ich werde alle Möglichkeiten, mit denen ich meine Arbeit so in den Griff bekomme, auflisten und es dir dann sagen können. Gib mir nur etwas Zeit."

So entstand ein Vortrag und dieses Buch: „Zeit gewinnen". Inzwischen habe ich diesen Vortrag vor Werbefachleuten, vor Druckfachleuten, vor Unternehmern und auch vor Jungunternehmern in der ganzen Bundesrepublik gehalten. Und dabei passierte regelmäßig Folgendes: Während bei allen meinen Vorträgen über Marketing, Werbetext und Mitarbeiterführung die Zuhörer überwiegend meiner Meinung waren und mir zustimmten, erhob sich bei diesem Vortrag jedesmal großer Protest. „Das geht bei mir gar nicht", „Das kann man doch gar nicht machen", „Das ist doch alles nicht realistisch" oder „Das mag bei Ihnen ja gehen, aber in meinem Job geht das nicht".

Ich überlegte dann natürlich, warum diese Leute, die zu meinen Vorträgen kamen, um Möglichkeiten des Zeitsparens zu erfahren, so skeptisch, so ablehnend waren. Schließlich war ich mindestens so ausgelastet wie sie auch. Dann fand ich die Antwort:

1. Es gibt Unternehmungen, in denen ist es einfach schick und in und selbstverständlich, dass man Überstunden macht und dass man bis in den späten Abend hinein arbeitet. Besonders für Führungskräfte ist das eine Imagesache und wird von der Geschäftsleitung auch erwartet.

   **Manche brauchen Überstunden für ihr Selbstbewusstsein**

2. Es gibt Workaholiker, die ohne Arbeit nicht auskommen. Denen sei dieser Arbeitsstil zugestanden – aber nur, wenn sie keine Frau und Kinder haben. Sonst sind sie es ihrer Familie schuldig, sich auf eine geregelte Arbeitszeit einzustellen und Zeit für ihre Familie zu haben.

3. Es gibt Menschen, die halten sich für so unwahrscheinlich wichtig, dass sie glauben, auch bei der Arbeit unentbehrlich zu sein. Um das sich und anderen zu beweisen, arbeiten sie unregelmäßig, oft bis in den späten Abend hinein. Und suchen darin ihre eigene Bestätigung.

*Über den Autoren*

Wolfgang Dorn begann in den 40er Jahren seine Lehre als Schriftsetzer und machte 1960 seine Meisterprüfung. Nachdem er in mehreren Druckereien in verantwortlichen Positionen gearbeitet hatte, entdeckte er seine Neigung zur Werbung und legte in München sein Werbediplom ab.

Nach zwei Jahren als Werbeleiter in der Industrie machte er sich selbstständig. Von dem Gedanken ausgehend, dass man mehr Chancen und weniger Wettbewerb in der Wirtschaft hat, wenn man sich auf ein Gebiet spezialisiert, erweiterte er sein Fachwissen auf den Bereich Marketing, abgestimmt auf Druckereien. Die europäische Fachpresse nannte ihn den „Marketingpapst der Druckindustrie".

Seit mehr als 40 Jahren berät er Druckereien und hat sich dabei, genau passend für die Branche, auf ausgefallene Direktwerbung mit durchschnittlichen Erfolgsquoten zwischen 10 und 25 % spezialisiert.

Im Rahmen der Marketingtätigkeit waren seine Vorträge und Seminare gefragt. So kam er auf über 1.000 Ganztags-Seminare und ebenso viel Vorträge im deutschsprachigen Raum Europas.

Nebenberuflich leitete er einen Werbefachverband, gründete den Produktioner-Club, war einige Jahre im Vorstand der FDP und arbeitete

in verschiedenen Schulen und Prüfungsausschüssen mit. Der Bundespräsident zeichnete ihn für seine ehrenamtlichen Arbeiten mit dem Bundesverdienstkreuz am Bande aus.

Wolfgang Dorn schrieb einige Fachbücher, die teilweise in mehreren Auflagen nachgedruckt wurden.

Weltanschaulich bekennt er sich zum uneingeschränkten Pazifismus, ausgelöst durch seine Erlebnisse im 2. Weltkrieg bei der Verteidigung Berlins.

Weil er die Tipps, die er in diesem Buch gesammelt hat, selbst bei seiner Arbeit anwendet, hat er Zeit für ein aktives Freizeitleben mit Theater- und Kabarett-Besuchen und vielen Reisen.

**Wer keine Zeit gewinnen will, kann dieses Buch an einen klügeren Menschen verschenken**

Wolfgang Dorn beginnt seine Vorträge mit folgenden Worten: „Ich weiß, dass ich von den 150 Anwesenden, die hier im Saal sind, 145 nicht helfen kann. Die wollen sich nämlich gar nicht helfen lassen. Sie wollen ihre Wichtigkeit und Unentbehrlichkeit dadurch beweisen, dass sie bis in die späten Abendstunden arbeiten. Denen ist nicht zu helfen und denen kann keiner helfen. Auch ich nicht. Aber: Den anderen fünf, die gekommen sind, weil sie wirklich mehr Freizeit in ihrem Leben haben wollen, denen will ich helfen. Für die habe ich über 80 Zeitspartipps zusammengestellt, mit denen ich meine Arbeitszeit und mein Leben bisher hervorragend in den Griff bekommen habe."

Natürlich gibt es da fast immer Buh-Rufe, aber ich weiß, dass ich Recht habe, denn jeder, der gegen meine Vorschläge protestiert, beweist ja damit nur, dass er sie gar nicht ausprobieren will.

Ich jedenfalls habe mit diesen Methoden, die ich jetzt schildern werde, den Erfolg gehabt, dass ich in 40-jähriger Tätigkeit keinen einzigen Kundentermin verschlampt habe, dass ich (in 40 Jahren) einen einzigen Kundentermin absagen musste (wegen einer Notoperation) und dass ich nur einen einzigen Besucher, der sich bei mir angemeldet hatte, vergessen hatte und überrascht war, als er in der Tür stand. Alle anderen Hunderte von Terminen wurden von mir eingehalten und termingerecht erledigt – ja noch besser: Ich habe immer alle Arbeiten, die ich für Kunden terminiert hatte, mehrere Tage vorher fertig gehabt. Wäre mir dann kurz vor dem Termin noch etwas dazwischengekommen, wäre die Arbeit trotzdem pünktlich beim Kunden gewesen.

Das Corporate Design für meine Mitarbeiter und mich ist: „Wir wollen nicht die Billigsten sein. Wir können nicht immer die Besten sein. Aber wir können die Zuverlässigsten sein." Das ergab dann, dass ich eines Tages einen großen Auftrag angeboten bekam und als ich fragte, wie man auf mich gekommen sei, lautete die Antwort: „Sie haben den Ruf, absolut zuverlässig zu sein." Das war natürlich ein Kapital, dass uns nichts gekostet hatte.

Nun will ich diese Möglichkeiten, die ich mir im Laufe der Jahre erarbeitet habe oder die ich von anderen Fachleuten übernehmen konnte, an Sie weitergeben, damit auch Sie – aber nur wenn Sie es ehrlich wollen – eine geregelte Arbeitszeit mit geregeltem Feierabend und damit genügend Freizeit für Ihre Familie und für das Leben überhaupt haben.

Vorweg noch ein paar Tipps, wie Sie dieses Buch lesen sollten:

Setzen Sie sich in Ihren bequemsten Sessel und ziehen Sie sich Ihre bequemste Kleidung an. Stellen Sie sich etwas Gutes zum Trinken, Essen oder Knabbern neben Ihren Sessel. Dann legen Sie sich bitte mehrere Schreiber in verschiedenen Farben dazu. Dieses Buch will nämlich mehrere Dinge in sich vereinen:

**So sollten Sie dieses Buch nutzen**

Es soll sich möglichst flüssig und spannend lesen. Ich habe mich bemüht so zu schreiben, wie ich auch spreche. Möglichst alles in deutscher Sprache, keine zu langen Bandwurmsätze und möglichst so klar, dass man nicht bei jedem Satz überlegen muss, was ich mir wohl gedacht haben könnte.

Das Buch ist so eingerichtet, dass Sie es für sich selbst „maßschneidern" können. Sie werden schon gesehen haben, dass seitlich an den Papierrändern Linien stehen. Zwar sind dort gelegentlich Marginalien eingesetzt, damit Sie bestimmte Stellen leichter wiederfinden, der Hauptnutzen liegt aber darin, dass Sie hier Markierungen für sich selbst anbringen können.

Beispiele: Immer, wenn Textstellen kommen, die für Sie unwichtig sind oder von denen Sie glauben, dass Sie sie nicht realisieren können, dann kennzeichnen Sie diese mit einem Farbstift oder einem Tilgungszeichen (Sie kennen das sicher aus den Korrekturvorschriften). Sie wissen dann beim späteren Durchblättern sofort, dass Sie diese Stellen überschlagen können.

Textstellen aber, die für Sie wichtig sind, weil Sie die dort besprochenen Maßnahmen rasch durchführen wollen, kennzeichnen Sie mit der Ziffer „Eins". Stellen mit Maßnahmen, die Sie später nochmal durchdenken möchten, kennzeichnen Sie mit der Ziffer „Zwei". Usw., usw. So entsteht Ihr Zeitspartippbuch, maßgeschneidert für Sie.

Wenn Sie dieses Buch durchgelesen haben und sich dann hinterher bemühen, die mit „Eins" gekennzeichneten Stellen in der Praxis umzusetzen, werden Sie ein erfüllteres Leben haben, werden sich mehr um Ihre Familie kümmern können, werden Ihren Freundeskreis nicht vernachlässigen müssen und außerdem Zeit für kulturelle Aktivitäten oder für Hobbys haben, zu denen Sie bisher nicht gekommen sind. Und Sie werden wahrscheinlich gesünder leben und die Gefahr, dass Sie wegen Überlastung und Stress an Herzinfarkt sterben, wird geringer sein.

Dieses Buch enthält einen Blumenstrauß mit ungefähr 80 „Zeitspar"-Blumen. Suchen Sie sich die aus, die für Sie am besten geeignet sind, und versuchen Sie, damit Zeit einzusparen. Sie können Zeit in Minuten einsparen oder auch in halben Stunden. Aber selbst, wenn Sie jeden Tag nur 10 Minuten einsparen, haben Sie in einer Woche eine Stunde oder mehr gespart, die Sie für Ihre Freizeit nutzen können.

*Ordnen Sie sich ein*

**Sind Sie einer von den Typen? Erkennen Sie sich?**

Sie sehen hier mehrere Abbildungen. Stellen Sie einmal fest, ob Sie sich bei einem dieser hier geschilderten Typen wiederfinden:

Der Gehetzte

Er ist zu ungeduldig. Nichts geht ihm schnell genug. Darum reißt er mit dem Hintern mehr ein, als er mit den Händen aufbauen kann. Er gehört zu denen, die hektisch von der Toilette kommen und die Rolle Toilettenpapier hinter sich herziehen, weil sie hinten in der Hose eingeklemmt ist.

Der Vielbesuchte
Er ist neugierig und kontaktfreudig. Er glaubt, nur er habe das Recht und die Pflicht, alle Besucher zu empfangen. Darum vergeudet er viel seiner kostbaren Zeit mit unnötigen Gesprächen. Er hat noch nicht

erkannt, dass Zeit das einzige Gut ist, das einem von anderen Menschen gestohlen werden kann und das man nicht wiederbekommt.

Der Zauderer

Er sucht endlos nach besseren Lösungen. Er wartet und wartet und wartet. Er wartet endlos. Fällt dann eine Entscheidung, schmeißt er sie wieder um und wartet weiter. Er löst also gar nichts.

Der ewige Techniker

Er glaubt, dass er alle Korrekturen selber lesen muss. Er ist sicher, dass nur er Farbandrucke richtig beurteilen kann. Und sollte in seiner Nähe eine Büromaschine oder eine andere Maschine ausfallen, ist er überzeugt, dass nur er die Fähigkeit hat, diese Maschine zu reparieren.

Der Telefonfan

Das Telefon gibt ihm ein unwahrscheinliches Gefühl der Wichtigkeit. Beim Telefonieren fühlt er sich wie ein Feldherr. Darum lässt er sich mit dem Griff zum Telefon aus allen anderen Arbeiten herausreißen. Handys müssen für den Telefonfan erfunden worden sein.

Haben Sie sich unter einem dieser Typen wiedererkannt? Wenn nein, dann ist noch nicht alles verloren. Dann können Sie Hoffnung haben, dass Sie aus Ihrer Zeitmisere herauskommen. Dann können Sie Ihre Zeit planen. Aber:

Planung heißt nicht, Unvorhersehbares vorhersehbar zu machen! Sie sind kein Hellseher. Niemand von uns kann das. Aber: Jedem von uns kann es zu jeder Minute passieren, dass ein Kunde anruft und Fragen oder Wünsche hat. Das ist unvorhersehbar und dafür müssen wir da sein.

**Was heißt Planung wirklich**

Planen heißt etwas ganz anderes. Planen heißt: Vorhersehbares so zu ordnen, dass man vom Unvorhersehbaren nicht erschlagen wird.

Das bedeutet, dass Sie nur etwa zwei Drittel Ihrer täglichen Arbeitszeit fest verplanen dürfen. Sie müssen sich immer einen Spielraum von etwa 30 % lassen, der dann für Unvorhergesehenes eingesetzt werden kann.

Und nun wählen Sie die Blumen (Tipps) aus, die Sie realisieren können und wollen.

*Bitte vergessen Sie nie:*

1. Sie können wie alle anderen Menschen jeden Tag nur genau 24 Stunden von Ihrem Zeitkonto abheben.

2. Entnommene Zeit kann nicht wieder ersetzt werden.

3. Sie können sich keine Zeit leihen.

Ist das nicht ein Wahnsinn? Wenn uns jemand 100 Euro stiehlt, dann möchten wir ihn am liebsten vor Gericht verklagen, damit wir dieses Geld wiederbekommen. Wenn uns aber ein Schwafler eine Stunde unserer kostbaren Zeit stiehlt, die wir nie wiederbekommen können, lassen wir uns das klaglos gefallen.

Ein guter Freund von mir, der ehemalige Oberstadtdirektor Kurt Rossa aus Köln, hat zu diesem Thema eine wunderbare Geschichte erzählt. Ich zitiere aus dem Gedächtnis. Er hat gebetet: „Gott Chronos, tu mir folgenden Gefallen. Veranlasse die Nornen* dafür zu sorgen, dass sie jedem, der uns Zeit stiehlt, ihren Lebensfaden um genau diese Zeit kürzen, die er uns stiehlt. Lass die Nornen dafür sorgen, dass jedem die Stunden, die er uns durch dumme Reden, dummes Plaudern, dumme Vorträge oder mit anderen Methoden wegnimmt, von seinem Leben gekürzt werden."
„Stellen Sie sich bitte vor, wie Funktionäre aller Richtungen aus Gewerkschaften, Unternehmerkreisen, Kirchen und Parteien reihenweise tot umfielen. Stellen Sie sich vor, wie ein langweiliger Redner, der vor 2.000 Menschen einen 2-stündigen langweiligen Vortrag gehalten hat, schlagartig ein halbes Jahr seines Lebens abgeschnitten bekäme."

Dieser Gedanke von Kurt Rossa gefiel mir sehr gut. Er macht so sehr deutlich, wie kostbar Zeit ist und wie frevelhaft es ist, dass man anderen Menschen die Zeit stiehlt. Denn Zeit ist das einzige, was man nicht sammeln, nicht sparen und nicht wieder zurückholen kann.

Unter Führungskräften der Wirtschaft wurde eine Untersuchung durchgeführt. Sie wurden gefragt, wie ihnen der Arbeitstag verginge. Etwa 10 % haben gesagt, dass sie sich gemäßigten Schrittes durch den Arbeitstag bewegen. Etwa 40 % haben gesagt, dass sie ständig im Dauerlauf durch den Arbeitstag rasen und die restliche Hälfte gab zu, dass sie sich durch den Arbeitstag jagen und hetzen lassen und dabei kaum zum Luftholen kommen. Gerhard Lichtenberg sagte einmal: „Die Leute, die niemals Zeit haben, tun am wenigsten." Er hat sicherlich nicht ganz unrecht.

*Nornen sind germanische Göttinen, die die Lebensfäden aller Menschen verwalten und sie abschneiden, wenn das Leben zu Ende sein soll.

*Können Sie auf 20 % Ihres Arbeitsergebnisses verzichten?*

**20 Prozent weniger Umsatz und Sie gewinnen viel wertvolle Lebenszeit**

Es gibt eine Untersuchung, Pareto hat sie erarbeitet. Daraus geht ganz einwandfrei hervor, dass wir in 20 % unserer Zeit 80 % der Ergebnisse erreichen. Für die übrigen 20 % der Ergebnisse brauchen wir aber 80 % unserer Zeit.

Lesen Sie diesen Absatz bitte noch einmal, er ist es wirklich wert: Überlegen Sie einmal ganz genau, was dahinter steht. Sie erledigen in einem Fünftel Ihrer Zeit 80 % Ihrer Tagesleistung. Aber für den Rest der Arbeit brauchen Sie den größten Teil des Tages. Wäre es nicht des Nachdenkens wert, ob man vielleicht auf 10 oder 20 % Arbeitsleistung pro Tag verzichten könnte? Und diesen Prozentsatz mehr Freizeit hätte?

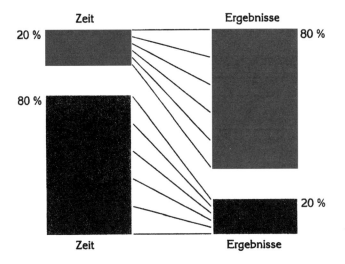

*Ihre Leistungskurve*

Bevor Sie mit der Zeitplanung anfangen, müssen Sie erst einmal feststellen, wie Ihre Leistungskurve verläuft. Bei den meisten Menschen beginnt sie gegen 7 Uhr morgens mit einer durchschnittlichen Leistung. Sie erreicht dann gegen 10 Uhr die höchste Leistung, um gegen Mittag wieder abzufallen (auf ungefähr 50 % des Leistungsniveaus). Um 14 Uhr steigt sie noch einmal an und sinkt dann gegen Abend ab.

Aber bitte: Dies ist eine ganz durchschnittliche Kurve. Sie müssen feststellen, ob diese Leistungskurve auf Sie zutrifft oder ob Sie eine davon
abweichende Leistungskurve haben. Meine Leistungskurve beginnt
bereits morgens gegen 5 Uhr mit einer Hochleistung, die etwa bis zum
Mittag anhält, dafür aber bereits gegen 17 Uhr stark abfällt. Auch Sie
werden eine individuelle Leistungskurve haben, die Sie erkennen müssen.

**Stellen Sie fest, wie**
**Ihre ganz individuelle**
**Leistungskurve ver-**
**läuft**

**Beispiel einer persönlichen Leistungskurve**

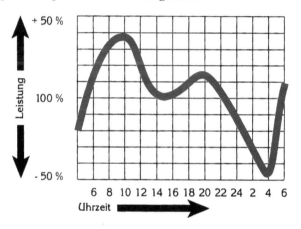

*Die Tages-Störkurve*

Als Zweites ermitteln Sie doch bitte einmal, wie die Störungen an
Ihrem Werktag ablaufen. Zu welcher Zeit bekommen Sie die meisten
Anrufe, wann die meisten Besuche, wann werden Sie von Mitarbeitern
und Kollegen am meisten gestört? Machen Sie einen Tagesaufriss mit
den Uhrzeiten und machen Sie für jede Störung einen Strich in unter-
schiedlicher Farbe, damit Sie erkennen können, wodurch Sie gestört
werden.

**Wann werden Sie**
**am meisten gestört?**

**Beispiel eines Tagestörkurve**

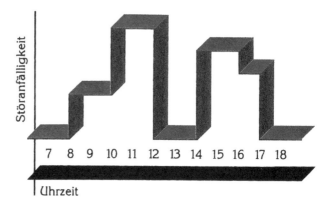

Störanfälligkeit

7  8  9  10  11  12  13  14  15  16  17  18

Uhrzeit

Sie werden dann feststellen, dass sich Störungen zu bestimmten Zeiten häufen, aber zu anderen Zeiten erheblich schwächer sind. Das ist für Ihre weitere Planung sehr wichtig.

Es hat keinen Zweck, in Zeiten, in denen Sie besonders durch andere Menschen gestört werden, Denk- oder Planungszeiten einzuschieben. Sie würden diese dann doch nicht durchhalten können. Ganz anders aber in Zeiten, in denen Sie ohnehin nur wenig von anderen behelligt werden. Diese Zeiten können Sie für Ihre Denkzeiten sehr gut nutzen. Sie sollten beide Kurven, die Leistungs- und die Störkurve, über etwa 4 Wochen ermitteln, damit Sie zu einem klaren Ergebnis kommen, auf dem Sie aufbauen, mit dem Sie planen können.

*Fast der wichtigste Tipp*

**Fast der wichtigste Tipp dieses Buches**

Bevor Sie Feierabend machen, schreiben Sie sich auf kleine Kärtchen die Arbeiten auf, die Sie am nächsten Tag erledigen müssen. Am besten nehmen Sie weißen Karton in der Größe von Visitenkarten und schreiben auf jede dieser Karten eine Aufgabe. Praktisch ist es, wenn Sie eine Magnet- oder Pinnwand in Ihrer Reichweite haben, an die Sie diese Kärtchen heften können. Dann ordnen Sie diese Kärtchen so, dass Sie die wichtigsten Aufgaben an den Anfang setzen und die weniger wichtigen dahinter.

Am nächsten Morgen beginnen Sie mit der wichtigsten Aufgabe. Angenommen, Sie haben sich sechs Aufgaben für den nächsten Tag gestellt (das ist eine optimale Anzahl), dann werden Sie feststellen, ob Sie drei, vier oder fünf davon schaffen. Die dann übrig gebliebenen Aufgaben sind die am wenigsten eiligen. Die setzen Sie auf den nächsten Tag an die erste Stelle. Durch diese Methode ordnen Sie Ihre Aufgaben. Sie lernen Eiliges von nicht Eiligem zu trennen und das Eilige zuerst zu erledigen.

*Eine Hand voll goldener Regeln*

1. Erledigen Sie Schwerpunktaufgaben (A-Aufgaben) immer sehr früh. Das bedeutet, dass Sie die erste und wichtigste Aufgabe auf Ihrer kleinen Kartei direkt am frühen Morgen beginnen. Sie haben dann nach Erledigung ein Erfolgserlebnis und wissen, dass Sie die wichtigste Aufgabe schon hinter sich haben.

   **A-Aufgaben zuerst erledigen. Sie fühlen sich dann leichter**

2. Wenn Sie große unüberschaubare Aufgaben haben, zerlegen Sie diese in mehrere kleinere. Man nennt das die Salami-Taktik.

   **Riesenaufgaben in kleine Häppchen zerlegen**

   Ein Beispiel: Stellen Sie sich einmal theoretisch vor, dass Sie von Ihrem Chef gekündigt worden sind, dass Ihr Vermieter Ihnen die Wohnung gekündigt hat und dass Ihr Partner oder Ihre Partnerin sich von Ihnen trennen will. Das sind mehr Aufgaben, als ein normaler Mensch auf einen Schlag bewältigen kann. Ordnen Sie diese drei sehr wichtigen Probleme in eine zeitliche Reihenfolge und erledigen Sie sie nacheinander. Mit einer dieser Aufgaben können Sie, auch wenn es sehr schwer fällt, klar kommen. Unter allen Dreien aber brechen Sie zusammen.

   Machen Sie es auch bei großen Aufgaben, die Sie im Beruf haben, genauso. Sie können die Planung einer 4-Tage-Veranstaltung mit Programm, Einladung, Unterkunft für die Besucher usw., usw. nicht auf einmal erledigen. Zerschneiden Sie sie in einzelne „Salami"-Scheiben und erledigen Sie diese Scheibchen nach und nach. Dann geraten Sie nicht in Stress.

3. Jeder von uns hat an jedem Tag gleichwertige Arbeiten zu erledigen. Das können sein: Mehrere Telefonate, mehrere Statistiken,

**Arbeitsblöcke bilden**

mehrere Briefe zu schreiben usw. Sammeln Sie diese Dinge zu Blöcken. Führen Sie alle Telefonate in einer bestimmten Zeit hintereinander. Wenn z. B. der eine Partner besetzt oder nicht zu erreichen ist, können Sie es am Ende Ihrer Telefonserie dann immer noch versuchen.

Es ist unrationell, wenn Sie erst einen Brief schreiben, danach ein Telefonat erledigen, danach eine Statistik auswerten und danach einen Fachzeitschriftenartikel lesen. Jede dieser Tätigkeiten zwingt Sie zu einem anderen Arbeitsverhalten und das erfordert Leerlauf und Kräfteverschleiß. Also: Gleichartige Arbeiten zu Blöcken zusammenstellen und als Block erledigen.

4. In der deutschen Sprache werden die Begriffe „wichtig" und „eilig" oft verwechselt. Viele Leute sagen: Das ist sehr wichtig und meinen aber, dass es sehr eilig ist. Der amerikanische General Eisenhower hat ein System entwickelt, das auch sehr gut für die Wirtschaft zu gebrauchen ist. Er hat die Aufgaben in vier Gruppen aufgeteilt:

A - Aufgaben muss ich selber sofort tun.

B - Aufgaben muss ich terminieren (das heißt später erledigen) oder an andere delegieren.

C - Aufgaben erledige ich nicht selber, sondern delegiere sie in jedem Fall.

D - Aufgaben wandern sofort in den Papierkorb.

**Delegieren Sie.**
**Auch mal an den**
**Papierkorb**

Es ist erstaunlich, wie viel Material wir pro Tag auf den Tisch bekommen, das wir eigentlich gar nicht zu lesen brauchen. Es kann sich um unaufgefordert erhaltene Zeitschriften handeln, die mich gar nicht interessieren oder um Briefe, von denen ich weiß, dass sie mich nicht interessieren. Ich bekomme z. B. jeden Monat ein- oder zweimal eine Werbung über ein Loseblatt-Nachschlagewerk für Steuerberater. Obwohl ich dem Verlag bereits zweimal geschrieben habe, dass ich mich dafür nicht interessiere, hat man mich nicht aus der Adressenkartei herausgenommen. Regelmäßig alle zwei Wochen bekomme ich wieder einen Werbebrief, in dem man mir mitteilt, dass es sehr preiswert und sehr günstig wäre, dieses Loseblattwerk zu kaufen und die Blätter zu abonnieren.

Da ich diesen Umschlag schon von außen erkenne, werfe ich ihn ungeöffnet in den Papierkorb. Ich lese als Werbeprofi gerne Werbebriefe, obwohl die meisten nicht sehr gut sind. Aber wenn ich von vornherein weiß, dass das Lesen dieses Briefes verlorene Zeit ist, dann brauche ich sie nicht aufzuwenden. Ich werde dieses Nachschlagewerk wirklich nicht kaufen und wenn man mir jeden Tag einen Werbebrief schickt.

So gibt es eine ganze Menge Unterlagen und Postsendungen, die man wirklich nicht zu lesen braucht.

Ich will Ihnen hier ein Beispiel erzählen, über das sich meine Klienten immer wieder wundern: In unregelmäßigen Abständen beauftragen mich meine Klienten, für sie Stellen-Anzeigen zu entwickeln und in Zeitschriften zu schalten, weil sie Führungskräfte brauchen und die Bewerbungen von mir geprüft werden sollen. Nachdem die Anzeigen erschienen sind, passiert regelmäßig das Folgende: Mein Kunde ruft mich nach 1 bis 2 Wochen an und sagt: „Na, wie sieht es denn aus?" Ich weiß natürlich genau, dass er wissen möchte, wie der Stand der Bewerbungen ist. Aber ich frage dann aus Spaß etwas dümmlich erstaunt zurück: „Was meinen Sie? Das Wetter?" Seine Antwort ist dann natürlich: „Nein, ich will wissen, wie sieht es mit den Bewerbungen aus?" Meine Antwort: „Ich habe bisher 6 Stück bekommen." Darauf seine Frage: „Na, und wie ist die Qualität der Bewerber?" Meine Antwort: „Das weiß ich nicht, ich habe sie noch gar nicht geöffnet." Erstauntes Schweigen. Der Kunde: „Warum haben Sie sie noch nicht gelesen? Haben Sie keine Lust?" Und dann setze ich zur Erklärung an: „Es hat doch gar keinen Zweck, dass ich mir die einzelnen Bewerbungen jetzt schon anschaue. Ich warte noch etwa eine Woche, dann werden wir 10, 12 oder 15 Bewerbungen haben. Dann erarbeite ich das Anforderungsprofil, das wir an die Bewerber zu stellen haben. Danach nehme ich mir einen halben oder einen ganzen Tag Zeit, arbeite alle Bewerbungen nacheinander durch und vergleiche sie mit dem Anforderungsprofil. Dann habe ich mir einen klaren Überblick verschafft und kann Ihnen genau sagen, welche an der ersten, welche an der zweiten oder welche an der letzten Stelle liegt. Wenn ich mir aber jetzt schon die Bewerbungen einzeln angucke, kann ich zwar meine Neugier befriedigen, mir aber noch kein Urteil über den allgemeinen Stand der Bewerbungen bilden." Meistens erstauntes Zustimmen meiner Kunden, die das so konsequent noch nicht durchdacht haben. Aber nur mit einem solchen Arbeitsstil kann man es schaffen, eine Menge Arbeit in relativ kurzer Zeit ordnungsgemäß zu erledigen.

5. Morgens sollten Sie das Büro betreten und sofort richtig zu arbeiten anfangen. Kein kleiner Plausch mit irgendeinem anderen Kollegen, kein Gang zur Kaffeemaschine, um sich Kaffee zu kochen oder andere Dinge tun, die Sie von der Arbeit abhalten. Sofort starten und beginnen, solange Sie noch frisch sind. Das Erfolgserlebnis nach der Erledigung der ersten Aufgabe stellt sich automatisch ein.

**Aufgaben-Termine optisch sichtbar machen**

6. Machen Sie unerledigte Dinge auf Ihrem Schreibtisch sichtbar. Ungelesene Berichte, unbeantwortete Briefe nicht einfach in Schubladen verschwinden lassen, sondern z. B. in farbige Mappen auf den Tisch legen. Nehmen Sie Mappen in verschiedenen Farben und mit verschiedenen Signalwirkungen. Rote Mappe muss ich morgen erledigen, blaue Mappe muss ich im Laufe der Woche erledigen. Es genügen einfache farbige Kartons DIN A3 auf DIN A4 gefalzt. Eventuell mit dickem Marker beschriften. Legen Sie diese Mappen in ein kleines Aktenkörbchen, das Sie nur für diesen Zweck auf Ihren Schreibtisch stellen. Geben Sie klare Anweisung: In dieses Körbchen darf kein anderer etwas hineintun oder herausnehmen.

**Checklisten bringen Sicherheit und Zeitgewinn**

7. Erstellen Sie Checklisten für Arbeiten, die regelmäßig vorkommen. Eine Checkliste für Vertretertagungen, die Sie zu organisieren haben, einmal erstellt, erleichtert und erspart Ihnen viel Arbeit für alle weiteren Treffen. Alle größeren Aufgaben, die mehr oder weniger regelmäßig anfallen, sollten Sie durch Checklisten vorbereiten. Ein Griff zur Checkliste, eine Fotokopie davon gemacht und Sie haben den Vorgang schneller erledigt und können nichts vergessen. Sie haben sich zusätzliche Sicherheit eingehandelt.

Es hat bestimmt Sinn, dass Piloten selbst für Flüge, die sie mehrmals am Tage durchführen, den Abflug immer durch eine Checkliste kontrollieren.

Auch hier gilt der Grundsatz: Lieber über eine Arbeit einmal gründlich nachgedacht als 10-mal oberflächlich.

8. Bevor Sie eine Arbeit beginnen, besorgen Sie sich alle Informationen und Unterlagen, die Sie dafür benötigen. Es ist sehr zeitraubend, wenn Sie während einer Arbeit öfter unterbrechen müssen, um sich eine bestimmte Akte, eine bestimmte Pressenotiz oder die Information bei einem anderen Mitarbeiter oder Kollegen erst noch holen müssen. Das kostet nicht nur Zeit, sondern es gefährdet auch die Konzentration. Sie werden durch das Beschaffen der Information jedesmal aus Ihrer Arbeit herausgerissen und abgelenkt. Dadurch verlieren Sie Zeit und erhöhen die Fehlerhäufigkeit.

**Erst alle Unterlagen zusammen haben, dann starten**

Durch einen Zufall konnte ich einmal feststellen, wie zwei Mitarbeiter, die eine vergleichbare Arbeit zu erledigen hatten, diese Arbeit angingen und welche Zeitunterschiede dadurch auftraten. Es ging um das Montieren eines 16-seitigen Prospektes. Der eine Mitarbeiter besorgte sich alle Unterlagen rechtzeitig, und zwar in der ersten Arbeitsstunde eines Tages. Er bereitete alle einzelnen Teile vor und legte sie sorgfältig zusammen. Dann begann er und war am Nachmittag mit der Arbeit fertig. Arbeitszeit ungefähr 8 Stunden.

Der andere Mitarbeiter begann zwar auch sofort zu arbeiten, musste öfter unterbrechen, musste sich Dinge zurechtschneiden und verschiedenes Material erst noch holen. Für eine vergleichbare Arbeit bei vergleichbarem Arbeitstempo brauchte er das Dreifache an Zeit. Dieses Beispiel hat mir zu denken gegeben und ich habe viel daraus gelernt.

9. Wie ich in dem Falle der Bewerbungen für meine Klienten bereits geschildert habe, ist es sehr wichtig, dass Sie jeden Vorgang nur einmal in die Hand nehmen. Briefe, Drucksachen oder Zeitschriften öfter in die Hand zu nehmen, durchzublättern, durchzugucken, wieder zur Seite zu legen und das Ganze zu wiederholen, kostet mehr Zeit, als Sie ahnen. Sie verlieren kostbare Lebenszeit, die Sie nie wieder bekommen.

Wenn ein Brief eintrifft, den Sie beantworten müssen, dann lesen Sie ihn bitte in dem Moment, in dem er mit der Post bei Ihnen eintrifft. Danach legen Sie ihn in die entsprechende Mappe und wenn Sie ihn beantworten, holen Sie ihn sich wieder vor. Sie müssen ihn nicht zwischendurch drei- oder viermal lesen, das ist unnötig und kostet viel Zeit.

Die Bewerbungsunterlagen eines Bewerbers schauen Sie sich bitte direkt vor dem Bewerbergespräch noch einmal gründlich an und machen sich Notizen. Zwischen dem postalischen Eintreffen der Bewerbung und dem Vorstellungsgespräch können Sie die Unterlagen wirklich unbesorgt zur Seite legen und brauchen sich darum nicht mehr zu kümmern. Aber vor dem Gespräch bitte unbedingt durcharbeiten und sich Notizen machen, damit Sie das Gespräch vorbereitet durchführen können. Bewerbergespräche werden oft unvorbereitet geführt und darum werden oft ungeeignete Bewerber eingestellt – eine sehr, sehr teure Angelegenheit!

**Wer?**
**Ich?**
**Nein, nicht unbedingt**

10. Stellen Sie sich immer wieder folgende Fragen: Muss diese Arbeit überhaupt erledigt werden? Muss ich Sie erledigen oder kann ich sie delegieren? Wann muss sie erledigt werden?

Wenn Sie ganz streng nach diesen Richtlinien arbeiten, werden Sie erstaunt sein, wie viel Arbeiten unnötig sind und gar nicht erledigt werden müssen. Sie werden häufig nur gemacht, weil man einen gewissen Spaß daran hat oder weil man glaubt, man müsste sie erledigen.

Sie vergeben sich nichts, wenn Sie als Vorgesetzter Arbeiten delegieren. Natürlich müssen Sie damit rechnen, dass Mitarbeiter Fehler machen. Sollten Sie selbst noch nie einen Fehler gemacht haben, dann ist das natürlich für Sie eine unerträgliche Situation. Aber wenn Sie ehrlich sind müssen Sie doch zugeben: Auch Sie haben Fehler gemacht.

Und denken Sie daran, dass alle Menschen, Sie und Ihre Mitarbeiter, nur durch Fehler lernen können. In der Schule wird Wissen an uns herangetragen. Im praktischen Berufsleben müssen wir Fehler machen und erkennen, dass dieser Vorgang von uns falsch angegangen worden ist. Das ist die einzige Lernmöglichkeit.

**Es gibt Unwichtiges!**
**Erkennen Sie das**
**bitte an!**

11. Wenn Sie Vorgesetzter sind, sollten Sie sich einen Leitsatz ins Gehirn hämmern: „Nicht über zu viele Einzelheiten informieren!" Ich bin einmal stutzig geworden, als mir der Vertriebsleiter eines großen Unternehmens voller Wut erzählte, dass einer seiner Außendienstmitarbeiter bei einem Treffen mit einem Kunden einen sehr teuren Sekt bestellt hatte. Dieser Vertriebsleiter hatte ungefähr

20 Außendienstmitarbeiter. Auf meine erstaunte Frage, wie er dahinter gekommen war, erfolgte die Antwort: „Ich prüfe jede Position auf jeder Spesenabrechnung akribisch nach." Als ich ihn fragte, wie lange er pro Woche für diese Kontrolle benötige, kam eine erstaunliche Stundenzahl zusammen. Als ich ihn dann weiter fragte, wie oft er solche „Ausschweifungen" entdecke, musste er zugeben, dass das vielleicht ein- oder zweimal im Monat sei. Der Erfolg dieser Kontrollen ergab also ungefähr 50 Euro pro Monat, sein Arbeitsaufwand betrug aber ein Vielfaches davon. Wäre es nicht besser gewesen, er hätte die Belege nur oberflächlich geprüft und nur Stichproben gemacht? Z.B.: Von zwei Mitarbeitern jeden Beleg prüfen, alle anderen nur oberflächlich und in der nächsten Woche zwei andere Mitarbeiter kontrollieren?

Ich glaube, dass mancher Leitende solche Dinge nur prüft, weil er neugierig ist. Wirtschaftlich sind solche Prüfungen meistens nicht vertretbar. Ich will Ihnen auch hier wieder einen Fall aus meiner Beratertätigkeit schildern:

Einer meiner Klienten hatte den Verdacht, dass ein Außendienstmitarbeiter recht großzügig mit seiner Zeit umginge. Als man ihn einmal bei einem Kunden, der auf der Besucherliste stand, telefonisch erreichen wollte, war er dort gar nicht gewesen und auch nicht angemeldet. Man erinnerte sich daran, dass dieser Außendienstmitarbeiter eine Ehefrau hatte, die einen eigenen Verlag besaß. Nun bestand der ziemlich begründete Verdacht, dass der Außendienstmitarbeiter während der Arbeitszeit auch Botengänge für seine Frau erledigte.

Der Klient fragte mich um Rat, was er tun sollte. Entlassen wollte und konnte er den Außendienstmitarbeiter nicht, weil der sehr wichtige Kunden betreute und die Gefahr bestand, dass ein Teil der Kunden verloren ginge. Ich gab ihm folgenden Rat: Wenn Sie mit diesem Außendienstmitarbeiter das nächste Routinegespräch in Ihrem Büro führen, legen Sie seine Besuchsberichte vor sich auf den Schreibtisch und nehmen Sie einen roten Markierungsstift in die Hand. Kommt der Außendienstmitarbeiter in Ihr Büro, bitten Sie ihn, einen Augenblick Platz zu nehmen und noch zu warten. Dann gehen Sie akribisch Punkt für Punkt alle Eintragungen in seinem Bericht durch und haken sie rot ab bzw. machen Sie an einer

Stelle auch ein Fragezeichen. Wenn Sie das Blatt durchgearbeitet haben, legen Sie es zur Seite und beginnen das Gespräch mit dem Außendienstmitarbeiter. Erwähnen Sie nichts von Ihrem Verdacht und erwähnen Sie nichts über den Besuchsbericht. Legen Sie ihn aber so, dass der Mitarbeiter ihn erkennen kann.

Was wird passieren? Der Außendienstmitarbeiter wird plötzlich spüren, dass Sie alle seine Berichte sehr sorgfältig prüfen und wird sich in Zukunft hüten, falsche Eintragungen vorzunehmen. Dass Sie nur diesen einen Bericht geprüft haben, kann er ja nicht ahnen.

Der Klient verfuhr wie vorgeschlagen und hatte von da an nicht mehr den Eindruck, dass der Außendienstmitarbeiter während der Arbeitszeit andere Vorgänge und andere Wege erledigte.

Also darum nochmal die Frage, die Sie sich stellen sollten: Muss ich jede Einzelheit nur deshalb wissen, weil ich neugierig bin oder brauche ich die Informationen wirklich?

**Hudeln ist nicht immer falsch**

12. Erledigen Sie alle Aufgaben nur mit der Sorgfalt, die für diese Aufgabe nötig ist. Nicht alle Aufgaben müssen mit der gleichen Sorgfalt erledigt werden. Es gibt Dinge, da reicht es absolut aus, wenn Sie sie „flüchtig abhudeln". Bei anderen müssen Sie natürlich dafür übertrieben sorgfältig sein. Entscheiden Sie, wie gründlich die einzelne Arbeit erledigt werden muss und richten Sie sich danach.

Als Druckprofi habe ich mich immer darüber aufgeregt, wenn einfache Werbezettel, deren Zweck es war, sie vor einem Fußballstadion hinter die Wischer der Autos zu stecken, vom Korrektor darauf überprüft wurden, ob die Zeilen der Vor- und Rückseite auch wirklich Register hielten. Dieser Aufwand war für diese Drucksache absolut unnötig.

Ich habe einmal einem Kunden vorgeschlagen, Druckkalkulationen in drei Qualitätsstufen einzuteilen. Dadurch ergaben sich billige, günstige und teure Aufträge. Dem anfragenden Kunden wurde die Qualitätsstufe mitgeteilt und er wurde gefragt, ob diese Einstufung seinen Vorstellungen entspräche. Durch diese simple Maßnahme war diese Druckerei plötzlich vom Preis her konkurrenzfähiger geworden.

Merke: Übertriebene Sorgfalt bei zweitrangigen Dingen ist eine Fehlinvestition an Zeit und Energie.

13. Ein wichtiges Gebot für Ihr Leben sollte heißen: Nie Arbeit mit nach Hause nehmen! Die Wichtigtuer, die um 21 Uhr Feierabend machen und noch eine Aktentasche voll Arbeit mitnehmen, beweisen damit nur, dass sie mit ihrer Arbeit im Laufe des Tages nicht fertig geworden sind. Warum sie damit nicht fertig werden, kann ich nicht pauschal beantworten. Es kann daran liegen, dass sie nicht konzentriert arbeiten oder sich zu leicht ablenken lassen. Es kann auch daran liegen, dass sie durch eine mangelnde Organisation im Unternehmen zu viel Arbeit aufgebürdet bekommen, die ein einzelner Mensch an einem Tag nicht erledigen kann. Im letzteren Fall müssten sie die Kraft und den Mut haben dafür zu sorgen, dass sie eine Hilfskraft zu ihrer Entlastung bekommen.

**Das Zuhause ist für die Familie, nicht zum Arbeiten**

Arbeiten mit nach Hause zu nehmen ist gesundheitsschädlich und familienfeindlich. Es erzieht außerdem zur Nachlässigkeit im Umgang mit der offiziellen Arbeitszeit.

Ein guter Bekannter von mir, der nie vor 21 Uhr Feierabend machte und dann noch eine Aktentasche voll Arbeit mit nach Hause nahm, erlebte Folgendes: Als er eines Abends wieder in sein Haus kam, waren sämtliche Möbel einschließlich aller Teppiche ausgeräumt. Im Wohnzimmer lag ein großer mit Tesafilm festgeklebter Zettel auf dem Fußboden, den seine Frau geschrieben hatte. „Du brauchst uns ja sowieso nicht. Wir sind ausgezogen. Du wirst uns nicht wiedersehen." Können Sie sich vorstellen, was in dem Mann vorging? Als er sich bei mir ausweinen wollte, tat er mir zwar leid - aber ich konnte ihm nur sagen: „Du bist selber schuld. Wer eine Familie hat, muss auch für die Familie da sein. Das Alibi, dass du dich bei deiner Arbeit für deine Familie auffressen lässt, gilt nicht. Du könntest mit 10.000 Euro weniger im Jahr genauso gut leben und deiner Familie genauso viel Luxus bieten, wie du es jetzt tust. Nur hättest du wahrscheinlich mehr Zeit für deine Familie gehabt."

Beenden Sie Ihren Arbeitstag, indem Sie irgendeine Arbeit zum Abschluss bringen. Einen ausführlichen Bericht zu Ende studieren, in einer Personalfrage die Entscheidung treffen oder eine Fachzeitschrift durchblättern und durchlesen. Danach machen Sie Ihre kleinen Kärtchen für die Aufgaben des nächsten Tages.

Die fertig gestellte Arbeit gibt Ihnen eine gewisse Befriedigung und Sie haben nicht das Gefühl, dass Sie auf Ihrem Schreibtisch etwas Unerledigtes vorfinden, wenn Sie am nächsten Morgen zur Arbeit kommen.

**Die schlimmsten Diebe: Zeitdiebe!**

14. Hüten Sie sich vor Zeitdieben! Vertreter, Kollegen, sogar Ihr Chef, aber auch Privatleute, die Sie während der Arbeitszeit anrufen oder besuchen, sind Zeitdiebe. Wenn Sie davon ausgehen, dass Sie genau 8 Stunden am Tag arbeiten wollen und Ihre Arbeit in dieser Zeit erledigen möchten, können Sie es sich nicht leisten, mit dem einen oder anderen 10 Minuten zu plaudern.

Wenn mich z.B. meine Schwester während der Arbeitszeit anruft, stelle ich ihr die Frage: „Ist es nur eine Frage oder wollen wir etwas miteinander besprechen?" Wenn es nur eine Frage ist, bekommt sie selbstverständlich sofort die Antwort von mir. Wenn wir länger miteinander plaudern wollen, sage ich ihr zu, dass ich nach Feierabend bei ihr anrufe.

Ein Vertreter, der mit Ihnen eine halbe Stunde plaudert, obwohl Sie genau wissen, dass Sie zum gegenwärtigen Zeitpunkt keinen Auftrag für ihn haben, hat Ihnen eine Menge Ihrer Zeit weggenommen. Ihm freundlich und kurz zu sagen oder sogar ausrichten zu lassen, dass Sie sich bestimmt melden, wenn Sie einen Auftrag haben, bringt für Sie einen erheblichen Zeitgewinn. Und für ihn auch!

Verstehen Sie mich bitte richtig: Sie können natürlich von mir aus mit jedem und jeder den ganzen Tag über plaudern. Aber dann brauchen Sie dieses Buch nicht zu lesen. Ich denke mir, Sie haben sich dieses Buch gekauft, weil Sie wirklich ihre Zeit in den Griff bekommen und mehr Freizeit haben wollen. Oder?

Machen Sie sich einmal ein kindliches Vergnügen. Kaufen Sie sich das Kinderbuch „Momo" und lesen Sie dort von den grauen Zeitdieben. Dieses Buch kann auch einem Erwachsenen sehr viel Denkanstöße geben.

Konnten Sie schon in meinem großen Blumenstrauß mit Zeitspartipps einige Blumen finden, die Ihnen gefallen und die Ihnen Nutzen bringen? Es würde mich sehr freuen. Aber: Lesen Sie weiter, das Buch ist ja noch nicht zu Ende.

*Zeitfresser Nr. 1: Besprechungen und Konferenzen*

**Zeitfresser Nr. 1:**
**Besprechungen**

Wenn man von der unorganisierten Arbeitsweise Einzelner einmal absieht, ist sicherlich der größte Zeitfresser die Durchführung von hausinternen Besprechungen und Konferenzen. Was hierbei an Fehlern gemacht wird, spottet jeder Beschreibung.

Überlegen Sie nur einmal, wenn an einer Konferenz zehn hochkarätige und hochbezahlte Führungskräfte teilnehmen und diese Konferenz unnötigerweise um 30 Minuten verzögert wird, welche Kosten dadurch entstehen.

Mir läuft es immer schon kalt den Rücken herunter, wenn ich in irgendeiner Firma anrufe um einen Mitarbeiter zu sprechen und dann zur Antwort bekomme: „Der ist gerade beim Meeting!" Dann kann ich mir meistens die Frage nicht verkneifen: „Kann der nicht seinen Kaffee auch allein am Schreibtisch trinken?"

Noch schöner finde ich es, wenn der Gesuchte gerade beim „Brainstorming" ist. Ich habe die Erfahrung gemacht, dass die meisten Menschen gar nicht wissen, was ein Brainstorming ist und die

Spielregeln gar nicht kennen. Die nennen ein zielloses und planloses Durcheinanderquatschen Brainstorming und haben dabei das Gefühl, etwas enorm Wichtiges geleistet zu haben. Dass das Ergebnis meistens Null ist oder aber die kleinen Teilergebnisse, die sich dabei ergeben können, nicht realisiert werden, stört in diesem Augenblick niemand.

Wir erleben das doch täglich auch im Großen. Da treffen Staatsmänner aus allen Erdteilen zusammen, palavern 2 Tage lang, fassen Beschlüsse, die dann auch in der Presse veröffentlicht werden und was passiert? Von den Beschlüssen wird jedenfalls meistens nichts umgesetzt. Genauso ist es auch im Kleinen. Nur dass im Kleinen die Kosten, die dadurch entstehen, für einen Betrieb tödlich sein können, während Staaten normalerweise nicht Pleite gehen können. Die dummen Bürger bezahlen ja genug Steuern, um solchen Leerlauf ihrer Staatsmänner zu finanzieren.

*Die falsche Konferenz*

Falsche Konferenzen sind für mich die, in denen der Chef oder ein entsprechender Vorgesetzter Mitarbeiter zusammenruft, um, wie er sagt, deren Meinung zu hören. Dabei passiert eigentlich immer nur Folgendes: Es erfolgt ein Meinungsaustausch! Was ich damit meine? Ganz einfach! Sie gehen mit Ihrer Meinung zu diesem Treffen und kommen mit der Meinung Ihres Chefs wieder zurück. Sollte das wirklich der Sinn sein?

Solche Treffen sehen doch meistens so aus: Der Chef hält einen endlosen Monolog. Da die Teilnehmer ganz andere Sorgen haben, versuchen sie interessiert zu gucken, obwohl sie gar nicht zuhören. Sie beschäftigen sich derweil mit der Frage, ob ihr Wagen heute in der Werkstatt fertig wird, ob ihr Sohn das Abitur besteht oder ob ihre Frau recht bald aus dem Krankenhaus zurückkommt. Der Monolog ihres Chefs interessiert sie gar nicht, aber sie gucken interessiert. Nach 30, 45 oder 60 Minuten ist der Chef zum Ende gekommen. Alle wachen geistig auf und warten, wie es nun weitergeht. Dann kommt die obligatorische Frage des Chefs: „Noch irgendwelche Fragen, meine Damen und Herren?" Da daraufhin weiterhin Schweigen erfolgt, kommt sein Schlusskommentar: „Dann ist ja alles klar, dann wollen wir das wohl in Zukunft so machen. Ich danke Ihnen und wünsche Ihnen einen fröhlichen Arbeitstag." Ende der Vorstellung. Zig Arbeitsstunden, zig Lebensstunden verplempert.

Meistens wird nicht einmal ein Protokoll angefertigt. Wird es angefertigt, kommt es meistens nach Wochen und kein Mensch kümmert sich mehr darum.

*Die effektive Besprechung oder Konferenz*

**So sollten Sie es machen: Metaplanbesprechung!**

Ich habe bei allen meinen Klienten durchgesetzt, dass wir Besprechungen jeder Art nur als Metaplan-Sitzungen durchführen. Wenn Sie nicht genau wissen, was Metaplan-Sitzungen sind, hier ist stichwortartig eine Schilderung:

Im Vorfeld wird genau überlegt, welche Antworten wir uns erarbeiten wollen. Die eine, zwei oder drei Fragen, um die es dabei geht, werden auf Kärtchen geschrieben. Dann werden mit Tesakrepp ein oder zwei große Packpapierbogen an die Wand geklebt und anschließend mit Sprühkleber besprüht.

Die Teilnehmer sitzen im offenen Halbkreis vor dieser Wand und haben auf ihrem Schoß einen Stapel von Kartonkarten, die etwa 21 x 10 cm groß sind. Nun wird die 1. Frage an die Oberkante des Packpapierbogens geklebt. Die Teilnehmer werden aufgefordert, auf diese Frage Antworten zu finden, wobei jede Antwort nur aus 1 oder 2 Wörtern bestehen soll und auf je 1 Karte geschrieben wird. Nach einer kurzen Zeit werden diese Karten unter die Frage geklebt. Dieser Vorgang dau-

ert erfahrungsgemäß zwischen 3 und 5 Minuten. Bei 6 oder 8 Teilnehmern hat man dann meistens 20 oder 30 verschiedene Antworten. Die Dubletten werden herausgenommen, unklare Antworten werden erklärt und dann werden die Antworten nach Wichtigkeit bewertet. Das geschieht dadurch, dass jeder Teilnehmer runde Klebe-Etiketten bekommt, und zwar in zwei Farben. Eine Farbe bedeutet Plus, die andere Farbe bedeutet Minus. Er hat nun die Möglichkeit, seine Plus- und Minuspünktchen auf die Karten zu verteilen. Die Karten mit den meisten Pluspunkten sind die wichtigsten Antworten, die mit den meisten Minuspunkten die unwichtigsten. Danach werden die Karten in dieser Reihenfolge umgeklebt, mit einer Digitalkamera fotografiert und man hat ein Protokoll. Das Ganze hat 10 - 20 Minuten gedauert. Überlegen Sie einmal, wie lange Sie diskutieren, schwätzen und schwafeln müssten, um zu einem annähernden Ergebnis zu kommen. Eine Stunde reicht meistens nicht.

Danach werden die 2. und 3. Frage genauso behandelt. Zum Schluss wird, ebenfalls an der Metaplan-Wand, festgelegt, wer welche Aufgaben bis wann zu erledigen hat. Auch das wird durch ein Foto proto-kolliert.

Ich habe fast alle Probleme, die ich in Unternehmen zu lösen hatte, mit den entsprechenden Mitarbeitern an Metaplan-Wänden durchgearbeitet. Man braucht nur etwa 20 - 30 % der Zeit, die man für ein normales Palaver braucht und kommt zu ganz klaren Ergebnissen.

Vermeiden Sie die klassischen Besprechungen und Konferenzen – führen Sie statt dessen Metaplan-Konferenzen durch. Wenn Sie mehr darüber wissen möchten, sollten Sie bei der Firma Neuland per Fax Informationen über Metaplan-Sitzungen anfordern. Hier die Faxnummer (0 66 59) 88 88. Dieses auf Seminarbedarf eingerichtete Versandhaus hat ausführliche Informationen, hat alles Material und sogar ein Video, wie man Metaplan-Sitzungen durchführen kann. Die Investition lohnt sich in jedem Falle, weil Sie in Zukunft Besprechungen effektiver, kostengünstiger und erfolgreicher erledigen.

*Warum Konferenzen scheitern*

**So macht man**
**Konferenzen kaputt**

1. Einladung zur Besprechung erfolgt zu kurzfristig. Die Teilnehmer haben dann zu wenig Zeit, um sich darauf vorzubereiten und gedanklich darauf einzustellen. Was aber kann man von Teilnehmern erwarten, die sich auf die Besprechung und auf die Fragen nicht vorbereiten konnten?

2. Der Versammlungsleiter, der Referent oder die Teilnehmer haben wichtige Unterlagen vergessen. Das bedeutet: Ab und zu steht einer auf, verlässt den Raum, um Unterlagen zu holen, die nicht mitgebracht wurden. Das stört die Versammlung und man macht oft sogar Pausen, weil man ja auf den Teilnehmer warten muss.

3. Es wird gar keine oder nur eine unklare Zielsetzung vorgegeben! Das ist einer der schlimmsten Fehler, die man bei einer Besprechung machen kann. Jeder Anwesende muss ganz genau wissen: Was soll genau in dieser Besprechung erreicht werden? Auf welche Fragen wollen wir Antworten finden? Nur dann kann man sich auch darauf vorbereiten.

4. Die Teilnehmerzahl ist falsch. Die Gruppe ist entweder zu groß oder zu klein. Wenn Sie viele kreative Ideen brauchen, sind Sie mit zwei oder drei Teilnehmern meistens nicht gut bedient. Man kann davon ausgehen, dass man um so mehr Anregungen bekommt, je mehr Teilnehmer man hat. Andererseits sind Gruppen, die über zehn Personen hinausgehen, meistens nicht mehr in der Lage, diszipliniert zu arbeiten. Vielredner setzen sich durch und schwafeln, Schweigsamere kommen nicht zu Wort.

5. Sie haben eine falsche Zielgruppe eingeladen. Wenn Sie über eine kreative Werbekonzeption nachdenken wollen, sind Buchhalter sicherlich die falschen Leute. Geht es um Budget- oder Etatplanungen, sollte man Buchhalter nehmen oder zumindest Leute, die zu Zahlen ein Verhältnis haben. Überlegen Sie ganz genau, welche Berufe Sie zu einer Besprechung einladen, damit Sie ein möglichst gutes Ergebnis erreichen.

6. Wenn eine Konferenz für 10 Uhr angesetzt ist, muss sie Punkt 10 Uhr beginnen. Jedes Zögern oder Warten auf Zuspätkommer ist teuer und motiviert die anderen, beim nächsten Mal auch unpünktlich zu sein. Geben Sie ruhig den Zuspätkommenden klar das Gefühl, dass sie zu spät gekommen sind.

**Unpünktlicher Anfang kostet Geld**

Ich habe bei Vorträgen die Zuspätkommenden oft damit begrüßt, indem ich sagte: „Schade, Sie haben den ersten Witz versäumt, wir haben schon einmal gelacht. Nicht über Sie – aber ohne Sie."

Einmal habe ich ein Seminar eröffnen müssen, das sich über zehn Wochenenden erstreckte. Die Teilnehmer sollten bereits am ersten Abend dazu erzogen werden, immer pünktlich zu kommen. Ich erzählte ihnen darum folgendes Erlebnis, das mir am selben Tag passiert war. „Guten Abend, meine Damen und Herren. Ich habe heute Morgen um 10 Uhr noch in Italien einen Vortrag gehalten. Als mich der Taxifahrer dann zum Flughafen bringen wollte, war 1 km vor dem Flughafen ein entsetzlicher Stau auf der italienischen Autobahn. Ich erreichte 7 Minuten vor Abflug des Flugzeugs den Flughafen, eilte durch die Halle, eilte am Zoll vorbei und schaffte es gerade noch, in die Maschine zu kommen.

Während des Fluges hatte die Maschine Schwierigkeiten und landete dadurch in Düsseldorf 30 Minuten zu spät. Ich war also statt um halb fünf erst um fünf Uhr in Düsseldorf, sollte aber bereits um 18 Uhr hier bei Ihnen in Köln sein, um Ihnen guten Abend zu sagen. Meine ursprüngliche Planung, mit dem Zug nach Köln zu kommen, fiel dadurch flach. Also nahm ich ein Taxi. Ich bin vor genau sieben Minuten hier im Hotel angekommen und sage Ihnen darum pünktlich einen fröhlichen guten Abend und möchte Sie darauf hinweisen, dass Sie trotz aller Schwierigkeiten, die Sie in Zukunft haben werden, bitte ebenfalls pünktlich kommen möchten. Ich werde immer Punkt 18 Uhr beginnen."

Ich kann Ihnen versichern, liebe Leserinnen und Leser, dass keiner der Teilnehmer bei diesen Seminartagen auch nur einmal zu spät gekommen ist. Mir ging es hier aber nicht um preußische Pünktlichkeit. Mir ging es darum, dass Teilnehmer, die viel Geld verdienen, nicht unnötig Zeit verbummeln sollten, nur weil irgendeiner nicht pünktlich ist.

**Ungeeignete Räume kosten Nerven und Aufmerksamkeit**

7.  Oft finden Besprechungen in ungeeigneten Räumen statt. Die Räume sind zu warm oder zu kalt, es zieht oder wenn man das Fenster aufmacht, kann man vor lauter Straßenlärm nichts verstehen. Oder die Räume sind als Durchgangsräume gedacht und es treten ständig Störungen auf, weil Mitarbeiter durch den Raum müssen. Andere Probleme: Die Räume sind zu klein und die Teilnehmer können nicht bequem an den Tischen sitzen oder sie sind zu groß und man verliert sich darin. Auch die Lichtfrage ist nicht unwichtig. Zu helle oder zu dunkle Räume sind schlecht geeignet.

Besonders begeistert bin ich, wenn ich höre, dass wegen Raummangel im eigenen Haus Besprechungen in irgendeinem in der Nähe liegenden Lokal stattfinden; möglichst in einer Gaststube, in der andere Gäste zu Mittag essen. Auch Vorstandssitzungen in solchen Räumen musste ich schon erleben. Leider!

8.  Konferenzen und Besprechungen können auch nicht zum Erfolg führen, wenn die Teilnehmer regelmäßig durch hausinterne Anrufe oder Gespräche gestört werden. Ich hatte einen Klienten, bei dem monatlich ein Arbeitsgespräch mit seinen drei Abteilungsleitern und

ihm stattfand. Alle 20 oder 30 Minuten wurde einer der Abteilungsleiter entweder aus der Sitzung oder ans Telefon gerufen. Das Ergebnis war, dass wir jedesmal unsere Besprechung unterbrechen mussten. Aus einem 6-stündigen (teuren) Beratungstag wurden dann maximal nur drei bis vier Stunden Arbeitsgespräch.

Nach einem Jahr merkte ich, dass dieser Zustand trotz aller Kritik nicht zu ändern war. Ich schlug also vor, dass wir einen anderen Arbeitsrhythmus finden müssten. Auch mein Klient hatte das schon erkannt.

Fazit: Störungen während einer Besprechung müssen grundsätzlich verboten werden.

9. In einem Besprechungsraum müssen Möglichkeiten zur Visualisierung vorhanden sein. Ein Flipchart oder ein Overheadprojektor und dazu die passenden Marker müssen unbedingt verfügbar sein. Es ist manchmal viel einfacher und verständlicher, irgendeine Aussage mit drei oder vier Strichen oder Kreisen anzuzeichnen, als sie langwierig zu erklären. Auch wenn man ein paar wichtige Zahlen groß auf einen Flipchart schreibt, bleiben die Zahlen besser haften, als wenn man sie nur verbal nennt.

10. Legen Sie eine bestimmte Zeit für das Gespräch fest. Aber: Bemessen Sie diese Zeit nicht zu kurz! Besonders bei schwierigen Themen kann man nicht unter Zeitdruck verhandeln. Da das Rauchen in Konferenzräumen nicht gestattet sein sollte, planen Sie nach zwei oder zweieinhalb Stunden fünf Minuten Raucher- und Toilettenpausen ein. Wenn das alle Beteiligten vorher wissen, wird auch die ständige Rennerei „zur Toilette" weitgehend vermieden.

11. Spätestens zwei Tage, besser noch einen Tag nach der Besprechung muss jeder Teilnehmer ein Protokoll bekommen. Protokolle, nach zwei oder drei Wochen verschickt, werden nicht mehr ernst genommen. Und was im Protokoll unabdingbarer Bestandteil sein muss: Es muss klar und optisch erkennbar sein, wer was bis wann zu erledigen hat.

Ich habe mir angewöhnt, Protokolle nur auf 60 % Breite einer DIN-A4-Seite zu schreiben und an den verbleibenden rechten weißen

Rand den Namen dessen zu setzen, der für den Vorgang verantwortlich ist. Das hat für die Teilnehmer den Vorteil, dass sie nur rechts zu suchen brauchen wo ihr Name steht und damit erkennen, welche Punkte für sie am wichtigsten sind.

Aber noch einmal zum Schluss dieses Kapitels: Ersetzen Sie die klassischen Konferenzen und Besprechungen durch Metaplan-Sitzungen. Ich wiederhole: Ca. 60 % Zeitersparnis und klarere Ergebnisse!

*Zeitfresser Nr. 2: Telefonieren*

**Zeitfresser Nr. 2: Telefonieren**

Kluge Leute haben errechnet, dass Führungskräfte etwa 25 % ihrer Arbeitszeit am Telefon zubringen. Mehr als Grund genug darüber nachzudenken, wie man dabei Zeit einsparen kann. Auch eingesparte Minuten am Telefon ergeben irgendwann ganze Stunden und ganze Tage.

Wie beim Zeitfresser Nr. 1 möchte ich Ihnen auch hier mehrere Möglichkeiten auflisten, von denen Sie sich die aussuchen sollten, die für Sie am praktikabelsten und am einleuchtendsten sind.

1. Geben Sie Ihrer Sekretärin eine Namensliste mit drei Gruppen von Namen. Die 1. Gruppe: Das sind Personen, für die Sie, wenn Sie im Hause sind, immer telefonisch erreichbar sein müssen. Das sind Top-Kunden, die mit Ihnen sprechen wollen und für die Sie auch Zeit haben müssen. 2. Gruppe: Für diese Personen sind Sie auch zu sprechen, aber nur außerhalb von Sperrzeiten, die Sie selber festlegen. Innerhalb dieser Sperrzeiten müssen diese Anrufer darüber informiert werden, dass Sie zurzeit nicht im Hause sind und dass Sie um soundso viel Uhr zurückrufen werden. 3. Gruppe: Das sind Personen und Firmen, mit denen nicht Sie, sondern irgendein Mitarbeiter Ihres Hauses sprechen sollte. Diese Gespräche sollten sofort von Ihrer Sekretärin zu den Zuständigen umgeleitet werden. Diese Anrufe sollen nicht zu Ihnen durchkommen.

**Was sind „wichtige" Gespräche?**

Es macht aber keinen Sinn, wenn Sie Ihrer Sekretärin nur die Anweisung geben: „Schalten Sie nur wichtige Gespräche zu mir durch. Unwichtige bitte nicht." Woher soll Ihre Sekretärin wissen, wer für Sie wichtig und wer nicht wichtig ist? Ist der Anruf Ihrer Gattin wichtig oder unwichtig? Ist ein Kunde, der zurzeit nicht bezahlen kann, für Sie wichtig oder unwichtig? Ist ein Kunde, mit dem Sie zusammen auch Tennis spielen, für Sie wichtig oder unwichtig? Diese Angaben sind so subjektiv, dass sie nur zu Verwirrungen und Verärgerung führen. Darum muss es eine Namensliste geben, die immer wieder in bestimmten Abständen aktualisiert werden muss. Danach kann Ihre Sekretärin arbeiten, und der Teufel soll sie holen, wenn sie dagegen verstößt.

2. In Ihrer Telefonzentrale muss eine Liste aller Mitarbeiter liegen, aus der die Zuständigkeit der Mitarbeiter deutlich hervorgeht. Es genügt nicht:

Walter Müller  Durchwahl 73,
Hugo Schulz  Durchwahl 95.
Auch die reine Angabe der Position ist für eine Telefondame oft nicht ausreichend.

Machen Sie eine hausinterne Liste, die folgende Angaben enthält: ausgeschriebener Vor- und Nachname des Mitarbeiters und die Durchwahl. Darunter müssen die Funktionen stehen, die er ausübt. Nur dann können Sie erwarten, dass Ihre Telefondame die Gespräche an die richtige Stelle weiterleitet. Das ist nicht nur für den unnötigen Störeffekt in Ihrem Hause wichtig, sondern auch für den anrufenden Kunden. Er wird auf diese Weise nicht von einem zum anderen weitergeleitet – was ihn bestimmt nicht fröhlich macht.

3. Oft ergibt es sich, dass ein Anrufer Texte oder Angaben durchgibt, die man mitschreiben soll. Da die meisten Führungskräfte und Unternehmer aber nicht stenografieren können, fangen sie also an, in Langschrift den Text mitzuschreiben, den der Kunde mühsam diktiert. Ich denke gar nicht an die hohen Telefonkosten – ich denke an die kostbare Zeit, die dabei verloren geht.

Koppeln Sie Ihr Telefon an ein Gerät, mit dem Sie jederzeit Telefonate mitschneiden können. Sagen Sie dem Betreffenden, dass Sie jetzt eine Taste drücken; die ein Tonbandgerät aktiviert und er könnte fließend den Text darauf diktieren. Anschließend geben Sie den Datenträger Ihrer Sekretärin zum Abschreiben. Sie haben dadurch eine Menge Zeit gespart und der Anrufer auch.

Moderne Telefone haben einen Gebührenzähler, aus dem man jederzeit ersehen kann, wie teuer ein Gespräch zurzeit gerade geworden ist. Schauen Sie ab und zu mal darauf. Sie werden erstaunt sein, wie sich Telefonkosten summieren können. Haben Sie ein solches Gerät nicht und wollen Sie auch kein externes Gerät anschalten, genügt oft eine ganz normale Eieruhr, die Sie neben das Telefon stellen. Ruft Sie jemand an, von dem Sie wissen, dass er etwas länger plaudert, drehen Sie die Eieruhr um. Es ist faszinierend, während des Telefonierens die Eieruhr zu beobachten und dabei festzustellen, wie schnell 5 Minuten vorbei sind.

Wenn Sie meinen, dass das Gespräch lange genug gedauert hat, brechen Sie es auf geschickte Weise ab. Auch mit einem Kunden können Sie das machen. Es genügt meistens schon die Frage: „Das ist ja interessant. War es das, was Sie mir sagen wollten?" Oder aber: „Ich fasse noch einmal zusammen, was wir jetzt besprochen haben." Damit bringen Sie einen gewissen Schluss in das Gespräch, ohne den Anrufer zu kränken.

4.  Ich erwähnte am Anfang dieses Buches bereits, dass Sie auch bei privaten Telefonaten oder bei Gesprächen, die Sie mit Personen führen, die Ihnen sehr sympathisch sind, auf die Zeit achten sollten. Gerade dabei verplaudert man sich gern. Denken Sie daran: zwei private Gespräche je 10 Minuten pro Tag sind 5 % Ihrer Arbeitszeit!

Moderne Telefonapparate haben Tasten. Drehscheiben sind aufwändiger, irrtumsanfälliger und zeitraubender. Wichtig ist ebenfalls, dass man die liegende Acht mit dem weißen und schwarzen Kreis für Rufwiederholungen nutzt. Ich habe bei einem Seminar festgestellt, dass 30 % der anwesenden Führungskräfte die Bedeutung dieser Taste nicht kannten.

Lautsprechanlagen im Telefon machen es möglich, dass Sie einen Vorgang suchen und gleichzeitig mit dem Anrufer sprechen können oder dass ein Teilnehmer, der mit Ihnen im Raum sitzt, gleichzeitig mithören und antworten kann.

*Jetzt kommt der wichtigste Punkt beim Telefonieren!*

Legen Sie Telefonstunden fest! Legen Sie Sperrstunden fest, in denen Sie telefonisch nicht zu erreichen sind!

**Auch wenn Sie es nicht für möglich halten: Man kann Telefon-Sperrstunden festlegen**

Bei meinen Vorträgen bekomme ich bei diesem Punkt den meisten Protest. „Das geht bei mir wirklich nicht! Ich muss telefonisch immer zu erreichen sein!" Auf meine ironische Frage, ob die entsprechende Dame oder der entsprechende Herr ein Handy mit auf die Toilette nimmt, erfolgt dann meist ein Grinsen. Und ich kann mir dann die Bemerkung nicht verkneifen: „Wenn Sie Durchfall haben, sind Sie auch oft am Tage nicht zu erreichen!"

Sie sind nicht der liebe Gott! Sie müssen nicht 24 Stunden pausenlos erreichbar sein. Wichtig ist nur, dass in der Zeit, in der Sie nicht erreichbar sind, dem Anrufer eine vernünftige Auskunft gegeben wird.

Eine schlechte Auskunft ist: „Herr Müller ist in einer Besprechung. Den darf ich nicht stören!" Das ist natürlich Quatsch. Hier fühlt sich der Anrufer als unwichtiger Störenfried angeprangert und wird sofort sagen. „Können Sie ihn nicht bitte doch stören? Es ist sehr wichtig." Und schon steckt die Sekretärin oder die Telefondame in einer Klemme. Die richtige Auskunft, die die Telefondame dem Anrufer geben soll, ist die: „Herr Müller ist zurzeit nicht im Hause. Er wird um soundso viel Uhr wieder zurück sein. Sind Sie dann zu erreichen? Kann er Sie dann anrufen?" Das ist eine klare Aussage und wenn Ihre Telefonsperrzeit zu Ende ist, bekommen Sie eine Liste mit den Anrufen, die Sie danach führen müssen. Hiermit ist dem Anrufer gedient und Sie haben Ihre Freistunden, in denen Sie sich konzentriert auf andere Arbeiten stürzen können.

**Störende Telefonate geschickt abblocken**

Sollte ein Kunde trotzdem sagen, dass das Anliegen sehr, sehr eilig ist, dann muss gefragt werden, worum es geht und er muss an jemand anderen weitergeleitet werden. Vielleicht hat er eine Reklamation und der technische Betriebsleiter ist ohnehin viel kompetenter dafür. Oder er hat eine Frage zu Ihrem Angebot, die der Kalkulator sicherlich besser beantworten kann als Sie.

**Das muss Gesetz Ihres Hauses sein!**

Natürlich gehört zu dieser Regel auch, dass alle leitenden Mitarbeiter, wenn sie das Haus verlassen, in der Telefonzentrale einen Zettel hinterlegen, von wann bis wann sie außer Haus und nicht zu erreichen sind.

**Unfallgefahr! Im Auto telefonieren**

Noch ein Tipp, weil mir das Leben meiner Leser lieb ist! Gewöhnen Sie sich nicht an, mit dem Handy vom Auto aus zu telefonieren oder sich anrufen zu lassen. Der ADAC hat ausgerechnet, dass bei Gesprächen, bei denen man angerufen wird, die Unfallhäufigkeit gewaltig steigt. Selbst bei Gesprächen, bei denen man nur zuhört und nicht aktiv wird, ist die Gefahr, Verkehrszeichen zu übersehen, etwa drei- bis viermal so hoch wie beim normalen Fahren. Und Ihr Leben sollte Ihnen zu schade sein, als dass Sie es auf diese Weise aufs Spiel setzen. Wenn Sie telefonieren wollen, dann fahren Sie in eine Parkzone und telefonieren von dort. Wenn Sie auf Ihrer Freisprechleitung angerufen werden, dann sagen Sie, dass Sie zurückrufen würden, sobald Sie parken können.

*Telefonieren oder Faxen?*

**Ein Fax stört weniger als ein Telefonat**

Wenn Sie angefaxt werden, stört Sie das weniger als wenn Sie angerufen werden. Ich habe mir darum angewöhnt, auf bestimmten Formularen meine Telefonnummer wegzulassen. Mein Faxgerät ist im Griffbereich meines Schreibtisches und ich kann sofort, wenn ein Fax eintrifft, darauf schauen. Ist es eine Sache die eine Reaktion erfordert, melde ich mich meistens innerhalb der nächsten 2 - 3 Minuten. Da die Frage schriftlich vorliegt, kann ich erforderliche Unterlagen vor Gesprächsbeginn zur Hand nehmen.

Wenn ich aber gerade keine Zeit habe oder bei einer wichtigen Arbeit nicht gestört werden will, kann ich das Fax auch etwas später beantworten. Auf jeden Fall gibt es kein lästiges Klingeln, kein Abnehmen des Hörers und kein Sich-auf-ein-anderes-Gespräch-konzentrieren-Müssen.

Überlegen Sie, ob Sie nicht Fax oder E-Mail stärker in den Vordergrund schieben und das Telefon ein bisschen zurückdrücken. Dass wir seit 100 Jahren ein Telefon haben ist ja kein Grund dafür, dass es bei uns auch immer im Mittelpunkt des Geschäftslebens stehen muss.

Ich habe für mich ein Faxformular entwickelt, auf dem der Empfänger gleich seine Antwort eintragen kann. Dadurch spart er Zeit (das ist ein angenehmer Nebeneffekt), und er beantwortet das Fax viel schneller, als wenn er erst einen Brief schreiben lassen müsste. Eine Abbildung dieses Formulars finden Sie weiter hinten in der Rubrik „Faxen – aber bitte richtig".

### E-Mail? Ja oder nein?

Zugegeben: Es gibt immer mehr schnelle Informations-Möglichkeiten. Zwar bringen sie uns meistens nicht mehr Freizeit – aber sie verbreiten zumindest den Eindruck, dass man mit der Zeit geht.

Genau wie das Fax (Lesen Sie nach, was ich unter unlesbarer Schrift geschrieben habe), bringen auch die anderen „schnellen" Medien die Gefahr mit sich, dass sie zur Flüchtigkeit erziehen. Man kürzt ab, man lässt Höflichkeitsformulierungen weg, man kastriert die Nachricht. Ich muss ehrlich sagen, ich finde es eine Unhöflichkeit erster Klasse, wenn unter einer für mich bestimmten Nachricht „MfG" steht. Bin ich dem Absender so wenig Wert, dass er nicht mal „Mit freundlichen Grüßen" ausschreiben kann?

**Vorsicht! Bitte keine Unhöflichkeiten!**

Wenn Sie E-Mails einsetzen wollen, dann schlage ich folgende Spielregeln für das Geschäftsleben vor:

1. An wichtige Leute, von denen Sie etwas wollen: nie!
2. An bekannte Partner: Ja, aber trotzdem nicht abgekürzt und textverstümmelt
3. An sehr, sehr gute Bekannte: Da können Sie sich austoben.

Und keine E-Mails in Fällen, in denen Sie zu feige zum Telefonieren sind! Dann bitte: Entweder telefonieren oder die alte, aber höfliche Briefform wählen.

### SMS
Bei Freunden, auch im Geschäftsbereich möglich, sonst nie!

Wir wollen Zeit gewinnen – aber um die Lebensqualität zu erhöhen; nicht um sie zu verringern.

*Zeitfresser Nr. 3: Schlechte Arbeitsplätze*

**Zeitfresser Nr. 3:**
**Unmoderne**
**Arbeitsplätze**

Lassen Sie mich einmal nostalgisch zurückblicken. Wenn Sie älter als 40 Jahre sind, müssten Sie noch die alten klassischen Schreibtische kennen: Rechts und links eine Rolllade. Auf der einen Seite einen Boden für zwei Ordnerhöhen übereinander und auf der anderen Seite drei oder vier Holzschubladen. Diese Schreibtische waren die herrlichsten Kostentreiber, die man sich vorstellen kann. Wenn ein Blatt Papier einen Cent kostet, Sie es in eine solche Schublade geworfen haben, die Schublade zugeschlagen haben, dann war das Blatt irgendwo hingerutscht. Das Suchen des Blattes kostete leicht 25 Cent oder auch 1 Euro. Gott sei Dank hat man ungefähr in den 70er Jahren erkannt, dass diese Büromöbel unwirtschaftlich sind, obwohl sie im Einkauf „extrem billig" – im wahrsten Wortsinne – waren.

Man hat diese Schreibtische durch Organisations-Funktionsmöbel ersetzt. Diese neue Büromöbelgeneration kauft man nicht von der Stange. Man lässt sich einen Orga-Berater kommen, der nach einer Checkliste abfragt, was an jedem Arbeitsplatz für Arbeiten ausgeführt werden. Nach genau diesen Anforderungen ermittelt er dann die

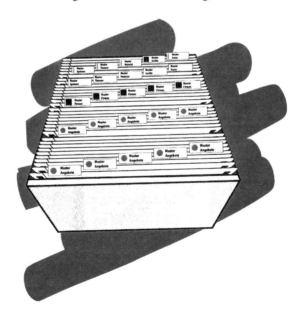

Bestückung der Unterschränke. So können Unterschränke Schubladen enthalten oder Hängetaschenregistraturen oder Karteikästen oder viele kleine Gefache für Schreib- und Zeichengeräte. Der Schreibtisch wird genau nach dem Bedarf des Benutzers zusammengestellt.

Dass man für verschiedene Arbeiten höhenverstellbare Arbeitsplatten hat, dass man die Arbeitsplatten für Computer von vornherein versenkt hat – alles das sind Erkenntnisse, die man heute im modernen Büro anwendet.

Ich setze also voraus, dass Sie und Ihre Mitarbeiter moderne Funktionsmöbel im Büro haben.

Damit allein ist es aber noch nicht getan. Sie müssen jetzt folgende Regeln beachten:

1.  Alles, was Sie täglich mindestens einmal gebrauchen, gehört in den Griffbereich Ihres Arbeitsplatzes. Das heißt, Sie müssen es errei-

chen können, ohne aufzustehen. Da wir im Büro ja Drehstühle haben, können diese Dinge vor, seitlich oder auch an der Rückseite von Ihnen sein. Wichtig ist, dass Sie durch ein einfaches Drehen Ihres Stuhles all diese Dinge erreichen und dadurch keine unnötige Zeit verlieren.

2. Alles, was Sie wöchentlich mindestens einmal benötigen, gehört in den Nahbereich. Der Nahbereich ist Ihr Büro. Dinge, die Sie also ein- oder zweimal in der Woche brauchen, gehören nicht in einen anderen Büroraum, zu dem Sie erst hinlaufen müssen. Es ist ja nicht nur der Weg, den Sie brauchen. Er ist meistens auch verbunden damit, dass man mit Kollegen plaudert, unterbrochen wird, gefragt wird oder anderweitig aufgehalten wird. Nahbereich also: Ihr Büro.

3. Alles, was Sie seltener als wöchentlich brauchen, kann irgendwo zentral archiviert werden.

**Verhindern Sie Kopierer-Meetings**

Interessant ist hierbei auch die Frage, wo Fotokopierer installiert werden sollen. Ich kenne große Verlagshäuser, mehrgeschossig, in denen in der 3. Etage ein zentraler Fotokopierer auf dem Flur steht. Wissen Sie was da passiert? Morgens zwischen halb 10 und halb 11 Uhr treffen sich dort mindestens 6 bis 10 Mitarbeiter, in der linken Hand die Kaffeetasse, in der rechten Hand ein paar Blatt Papier. Und dann werden die Fernsehprogramme vom letzten Abend oder die Erlebnisse, die man mit einem Freund hatte, durchgesprochen. Man kann ja nicht sofort kopieren, weil gerade eine andere Kollegin am Gerät ist! Haben Sie einmal ausgerechnet, was diese Kopien kosten? Es ist absolut überlegenswert, ob man nicht in jedes einzelne Büro ein kleines Kopiergerät stellt, das heute weit unter 200 Euro zu bekommen ist. Dann kann immer noch ein großes zentrales Gerät in einem Büro stehen, das vielleicht sogar von einer bestimmten Fachkraft bedient wird, um dort große Auflagen zu drucken. Nicht die Geräte und nicht das Material sind das Teure in unserer Zeit, sondern die Arbeitsstunden. Und die können sich bei einem zentralen Fotokopiergerät sehr schnell zu erheblichen Beträgen addieren.

*Zeitfresser Nr. 4: das Lesen der vielen Informationen*

Eigentlich muss ich den Inhalt dieser Überschrift korrigieren. Sie glauben doch nicht wirklich, dass alles das, was Sie hören und lesen müssen, Informationen sind! Wir alle werden mit Informationsmüll überschüttet, ohne dass wir hinterher eigentlich genau wissen, worum es gegangen ist. Die Hintergründe werden uns nicht transparent gemacht.

**Zeitfresser Nr. 4: Wer soll das alles lesen?**

Dennoch müssen Sie natürlich prüfen, was auf Ihren Tisch kommt und was Sie davon eventuell brauchen. Aber Sie müssen den Lesestoff kritisch selektieren. Sie müssen deutlich unterscheiden: Was muss ich lesen oder was will ich lesen? Und was brauche ich nicht.

Es ist erstaunlich, welche Fachzeitschriften manche Leute lesen, obwohl sie thematisch gar nicht mehr zu ihrem jetzigen Beruf passen. So kenne ich Druckereivertreter, die lesen immer noch den Druckspiegel, weil sie ihn als Lehrling auch schon abonniert hatten. Dass heute ihre Aufgabe eine ganz andere ist, scheint sie dabei nicht zu stören. Frage ich Druckereiaußendienstmitarbeiter, warum sie beispielsweise nicht „Akquisa" oder eine andere Verkäuferzeitschrift lesen, dann gucken sie mich ganz erstaunt an. Diese Zeitschriften kennen sie gar nicht. Das aber sind Zeitschriften, in denen sie Tipps und Informationen bekommen über das, was ihr jetziger Job ist: Das Verkaufen. Das drucktechnische Wissen einer normalen Druckfachzeitschrift ist für sie doch inzwischen von untergeordneter Bedeutung.

**Lesen Sie die richtigen Zeitschriften?**

Genauso ist es mit Führungskräften.
Der Geschäftsführer einer mittleren Druckerei hat doch mit der reinen Technik nichts mehr zu tun. Dafür hat er doch seine Abteilungsleiter. Warum liest er immer noch technische Fachzeitschriften? Warum liest er keine Zeitschriften, die darüber berichten, wie man Mitarbeiter führt, wie man Betriebe organisiert, wie man Marketing macht? Das sind die Themen, die zu seinen Aufgaben gehören - nicht die Tatsache, dass es neue Gummitücher oder neue Druckplatten für die Offsetmaschine gibt. Diese Zeitschriften müssen seine Abteilungsleiter lesen und ihn darüber informieren, wenn im Betrieb daraufhin etwas zu ändern ist.

Ich weiß nicht, wie viel Fachzeitschriften Sie pro Woche bekommen. Ich habe jahrelang wöchentlich 19 Exemplare gelesen und habe sie jetzt auf 12 Exemplare heruntergedrückt. Auch Sie bekommen sicherlich mindestens fünf oder noch mehr Zeitschriften. Sie wegzuwerfen, ohne dass man sie einmal durchgeblättert hat, ist sicherlich Frevel.

Ich will Ihnen schildern, welche Technik ich mir angeeignet habe:

**Auswählen und kennzeichnen**

Ich blättere die Zeitschriften durch, überfliege die Überschriften und, soweit vorhanden, den Vorspann. Könnte mich der Artikel interessieren, reiße ich ihn aus der Zeitschrift und lege ihn auf einen gesonderten Stapel. Auf diese Weise wird ein zentimeterhoher Zeitschriftenstapel ganz, ganz niedrig und flößt mir nicht mehr soviel Angst ein. Diese einzelnen Blätter schaue ich mir dann anschließend genauer an und lese sie auch. Dabei habe ich, genau wie Sie es bei diesem Buch auch tun sollten, Marker in verschiedenen Farben neben mir liegen. Ich verfahre nun mit den einzelnen Blättern wie folgt:

1. Der Artikel ist uninteressant, ich kann ihn wegwerfen.

2. Er ist so interessant, dass man ihn kopieren und an verschiedene Mitarbeiter verteilen sollte. Dann mache ich mit einem Farbstift in eine Ecke des Blattes ein „K" für kopieren.

3. Es gibt auch Artikel, die ich archiviere. Diese kennzeichne ich in einer Ecke des Blattes mit einem „A" für archivieren.

4. Dann gibt es Artikel, zu denen ich einen Fachmann befragen möchte. Ich bin mir nicht darüber im Klaren, ob der Inhalt so stimmt oder nicht. Dann mache ich mit einem Farbmarker ein „?" an die Kante = nachfragen.

Sie können sich natürlich noch weitere Markierungen überlegen, die für Sie zutreffender sind. Ich lege dann die einzelnen Blätter in sich sortiert auf den jeweiligen Stapel und brauche sie anschließend nur entsprechend zu bearbeiten, zu verteilen oder aber durch meine Sekretärin verteilen zu lassen.

Nun gibt es ja nicht nur Fachzeitschriften, die man lesen will oder lesen muss, sondern auch andere umfangreichere Informationen. So führe ich z. B. für meine Druckerei-Klienten seit über 20 Jahren umfangreiche Marktuntersuchungen durch. Das Ergebnis sind dann Rechenschafts- und Auswertungsbände, die um 50 - 60 Seiten stark sind. Ich bekomme diese Bände in drei Exemplaren: eins für mein Archiv und zwei für meine Klienten.

Jetzt arbeite ich ein Exemplar gründlich durch und kennzeichne es am Rand mit folgenden Kennzeichen: Rotes Pluszeichen bedeutet, dass dieser Text inhaltlich okay ist. Grünes Fragezeichen bedeutet: Hierüber muss ich mit meinem Klienten sprechen. Schwarzes Minuszeichen bedeutet: Das ist sehr schlecht, da müssen wir Dinge ändern.

**Zeitsparen durch Symbole**

Die gleichen Symbole übertrage ich auch in die beiden Exemplare für meine Kunden.

Wenn ich jetzt bei einem nächsten Gespräch mit meinem Kunden über das Ergebnis der Marktuntersuchung sprechen will, blättern wir gemeinsam die einzelnen Markierungen auf und ich kommentiere jeweils die Stellen mit den Symbolen.

Rotes Pluszeichen bedeutet, dass wir über diese Stellen gar nicht zu sprechen brauchen. Die dort geschilderten Ergebnisse der Untersuchung sind okay und bedürfen keines Kommentars. Diese kann mein Kunde in einer ruhigen Stunde selber durchlesen. Ein Gespräch darüber wäre unnötige Zeitverschwendung für uns alle.

Über alle Stellen, die mit einem grünen Fragezeichen gekennzeichnet sind, muss ich meinen Kunden ausführlich befragen. Hier habe ich irgendetwas nicht verstanden. Warum kann es zu diesem Ergebnis einer Marktbefragung kommen? Hier muss er mir Informationen und Auskunft geben und wenn er das nicht sofort kann, muss ich diese Auskünfte nachgereicht bekommen.

Alle Stellen, die mit schwarzem Minuszeichen gekennzeichnet sind, sind problematisch. Hierüber müssen wir ganz ausführlich diskutieren und uns Gedanken machen. Das sind Dinge, die wir ändern müssen, um den Markt zufrieden zu stellen. Hier müssen Maßnahmen getroffen werden.

Haben Sie es bemerkt, liebe Leserin und lieber Leser? Die Vorarbeit, die ich geleistet habe, in Verbindung mit den farbigen Signalen, kürzen ein Beratungsgespräch, das ja immerhin etwa 1.500 Euro kostet, sehr stark ab. Wir kommen schneller zu den Ergebnissen, die wir brauchen und halten uns nicht mit unnützen Dingen auf. Eine Philosophie, die ich bei meiner gesamten Arbeit immer wieder zu berücksichtigen versuche – in meinem Interesse und auch zum Vorteil meiner Kunden.

*Zeitfresser Nr. 5: Autofahren*

**Zeitfresser Nr. 5:
Im Auto sitzen**

Eine statistische Untersuchung, die ich kürzlich gelesen habe, besagt, dass jeder Autofahrer außerhalb seiner Urlaubszeit 65 Stunden jährlich im Stau steht. Bitte, lassen Sie sich diese Zahl einmal auf der Zunge zergehen! 65 Stunden sind etwa zwei Arbeitswochen! Planlos verplempert durch Stehen auf irgendeiner Autobahn.

In Köln hat man einmal errechnet, dass täglich 300.000 Autos in 50.000 Stau-Stunden stehen. Täglich! Das sind über 20.000 Arbeitstage oder umgerechnet fast sechs Arbeitsjahre. Täglich!

Das alles ist doch ein Grund darüber nachzudenken, wie man diese Zeit nutzen kann. Natürlich können Sie im Stau stehend auch mit dem Handy telefonieren. Das ist zwar auch verboten, aber die Unfallgefahr ist hier sicherlich gering. Es gibt aber noch andere Möglichkeiten. Was halten Sie z.b. davon, wenn Sie einem Kunden anbieten, dass Sie ihn zu einem Besuch von Fachvorträgen, Fachmessen oder Kongressen mitnehmen? Ob Sie nun in einen Stau geraten oder nicht: Sie haben genügend Zeit, sich mit dem Kunden ausführlich über viele, viele Dinge zu unterhalten, zu denen sie im normalen Alltag nie kommen. Der Kunde wird Ihnen auch dankbar dafür sein, dass Sie a) ihn auf diesen Kongress aufmerksam gemacht haben und b) ihn mitnehmen. Eine andere Möglichkeit ist natürlich, Besuchsnachberichte oder Besuchsvorbereitungen im Auto zu diktieren, während man im Stau steht.

Das Effektivste aber, das ich bisher gefunden habe, ist Folgendes: Ich habe beim Autofahren immer Tonbandkassetten oder CDs im Wagen, die breit gefächertes Fachwissen enthalten. Es gibt eine Menge guter Tondokumente, die Wissenswertes über Verkaufen, Argumentation, Menschenführung, Betriebsführung, praktische Psychologie und unternehmerische Strategien enthalten. Sie haben ja inzwischen alle ein Autoradio mit CD- oder Kassetteneinschub im Wagen.

**Im Auto lernen**

Wissen Sie was passiert, wenn Sie solche Bänder regelmäßig mehrmals hören? Sie speichern das darin gesagte Wissen wie in einem Computer in Ihr Gehirn. Es ist unauslöschlich darin verankert. Sie brauchen zu diesem Thema keine Fachbücher mehr zu lesen. Sie haben also die Autofahrzeit genutzt, um sich weiterzubilden. Und haben das Fachwissen im Langzeitgedächtnis.

Zweifeln Sie an meiner Theorie? Das ist schade für Sie. Ich will Ihnen einen Beweis bringen.

Als ich meine Meisterprüfung gemacht habe, musste ich, wie die meisten von uns, einen 2-jährigen Vorbereitungskursus über mich ergehen lassen. Zusammen mit drei anderen Kollegen haben wir regelmäßig das gesamte Fachwissen, das uns im Unterricht geboten wurde, in Fragen und Antworten zerlegt auf ein Tonband gespeichert. Wir haben uns dann regelmäßig getroffen und im Kreis um das Tonbandgerät gesessen. Wir haben die Wiedergabetaste gedrückt und die Fragen angehört.

Ein Teilnehmer musste jetzt die jeweilige Antwort finden. Nachdem er seine Antwort, richtig oder falsch, gegeben hatte, haben wir die richtige Antwort vom Tonbandgerät abgehört. Die nächste Frage, der nächste Teilnehmer. Das haben wir im Kreis herum gemacht. Stundenlang! Immer wieder – bis zur Prüfung.

Und wissen Sie, was das Ergebnis war? Als wir zur schriftlichen Prüfung gingen und vergleichbare Fragen gestellt bekamen, waren die richtigen Antworten so in unserem Gehirn gespeichert, dass wir die Versprecher, die auf dem Tonband waren, im Geist gehört haben. Wir vier waren die ersten, die mit den schriftlichen Prüfungen und Arbeiten fertig waren, weil wir nicht zu überlegen brauchten. Dass wir mit einem guten Ergebnis abgeschnitten haben, sei noch am Rande erwähnt.

Fazit: Durch mehrfaches Abhören von Wissensstoff von einem Tonträger können Sie dieses Wissen ohne große Mühe speichern und haben es bei Bedarf parat.

*Zeitfresser Nr. 6: Falscher Umgang mit Mitarbeitern*

**Zeitfresser Nr. 6: Falscher Umgang mit Mitarbeitern**

Ich möchte Ihnen ein Geständnis machen. Ich bin ein Mensch, der nicht launisch ist. Ich habe eigentlich nie schlechte Laune. Ich gehe morgens quietschvergnügt in mein Büro und gehe nach Feierabend quietschvergnügt nach Hause. Dennoch passiert natürlich manchmal Folgendes: Wenn ich mit meinen Mitarbeitern die morgendlichen Routinegespräche durchgeführt habe, kann es passieren, dass jeder dieser Mitarbeiter einen oder mehrere Böcke geschossen hatte. Das hat natürlich meiner guten Stimmung Abbruch getan. Und nach dem 3. oder 4. Bock wurde ich dann etwas muffig. Dann bekam ich von meinen Mitarbeitern zu hören: „Sie haben aber heute schlechte Laune." Ich hatte gar keine schlechte Laune! Meine gute Laune war durch die Böcke, für die ich jetzt gerade stehen musste, abgebaut worden. Ich war verärgert – das hat aber mit Laune nichts zu tun.

Sie können die beste Laune Ihrer Mitarbeiter kaputtkriegen, wenn Sie sie falsch oder schlecht behandeln.

Ich will Ihnen einmal aufzählen, womit Sie Ihre Sekretärin zur Weißglut, zur inneren Kündigung und irgendwann auch zur äußeren Kündigung bringen können. Ich zitiere wörtliche Aussagen von Sekretärinnen. „Mein Chef verlangt zu oft von mir, dass ich die Unwahrheit sage." Natürlich sind wir uns darüber im Klaren, dass Notlügen manchmal sein müssen. Wer behauptet, dass er noch nie gelogen hat oder mit der reinen Wahrheit durchs Leben geht, lügt schon wieder. Aber die meisten Sekretärinnen sind nicht bereit, sich zu jeder Zeit und aus jedem Grund, den der Chef für richtig hält, zu Lügnerinnen machen zu lassen. Suchen Sie hier nach anderen Wegen. „Er sagt mir nicht, wo er hingeht und ich muss ihn dann ständig suchen." Jeder Sekretärin ist es peinlich, einem Dritten sagen zu müssen: „Ich weiß nicht, wo mein Chef ist" oder „Ich kann Ihnen nicht sagen, wann er wiederkommt". Jeder Chef muss es sich zur Gewohnheit machen, seine Sekretärin über Ort und vermutliche Dauer seiner Abwesenheit zu informieren. Das gilt natürlich auch für die Telefonzentrale. Es ist für eine Sekretärin kein Problem einem Anrufer zu sagen: „Er ist außer Haus, aber er ist um 14.30 Uhr wieder zu erreichen. Sind Sie dann ebenfalls zu erreichen und kann er Sie dann anrufen?"

**So treibt man Mitarbeiter in die innere Kündigung**

„Er äußert sich nie anerkennend über meine Arbeit." Auch Sekretärinnen brauchen Lob und Kritik. Auf Anmache können die meisten allerdings verzichten. Auch die Sekretärin möchte wissen, ob man mit ihr zufrieden ist oder nicht.

Wenn Sie mit Ihrer Sekretärin zufrieden sind, sollte es zum guten Stil gehören, dass Sie ihr aus dem Urlaub eine Kleinigkeit als Aufmerksamkeit mitbringen. Schließlich hat sie, zumindest im übertragenen Sinne, in dieser Zeit den Laden geschmissen. Sich hierfür erkenntlich zu zeigen, motiviert sie sicherlich.

„Er erklärt mir alles bis in die kleinsten Einzelheiten, als ob ich keinen Verstand hätte."

Gerade die tüchtigen Sekretärinnen sind über diese Chefunsitte furchtbar verärgert. Je tüchtiger eine Sekretärin ist, um so mehr Entscheidungsspielraum möchte sie auch haben. Spricht man ihr das Urteilsvermögen ab, ist am Ende der Chef der Verlierer. Sie müssen also testen, wieweit die Entscheidung Ihrer Sekretärin gehen kann und welche Freiheiten Sie ihr geben können. Dehnen Sie diesen Spielraum immer mehr aus. Gute Sekretärinnen wachsen mit der Verantwortung, die man auf sie überträgt. Sie entlasten sich und motivieren Ihre Sekretärin.

**Der Chefjob:**
**Richtige Leute an die**
**richtige Stelle setzen**

Bitte, behalten Sie immer im Auge: Ihre wichtigste, ja fast ihre einzige Aufgabe als Führungskraft ist es, die richtigen Leute an die richtigen Stellen zu setzen!

*Was bringen die so genannten Zeitplanungssysteme?*

**Bringen Zeitplaner**
**Nutzen?**

Über diese Systeme gibt es ganze Philosophien. Meistens sind sie gar nicht fachlich fundiert, sondern es sind fast Glaubensreligionen. Beobachten Sie mal auf Tagungen, wie die Zeitplan-Jünger mit spitzem Bleistift durch die Gänge wandeln, sich Notizen machen und dann erfreut rufen: „Ach, Sie haben auch das XY-System? Toll, nicht?"

Wenn Sie ein Zeitplanungssystem einführen, müssen Sie berücksichtigen, dass folgende Arbeiten auf Sie zukommen: Sie müssen Eintragungen in den Jahreskalender machen. Diese müssen Sie umtragen in den Monatskalender und umtragen in den Wochenterminplan. Dabei dürfen Sie nicht vergessen, die Eintragungen aus dem Jahresplan zu tilgen. Ebenfalls müssen übertragene Angaben auch aus dem Monatsplan entnommen werden, usw. Das Sortieren der einzelnen Vorgänge nach dem Schema des Kalenders kostet wieder einmal Gedanken und damit Arbeitszeit. Und manche Kalender fordern auch noch von Ihnen, dass Sie am Abend einen philosophischen Schlussgedanken für die Nacht oder den nächsten Tag notieren. Alles das sind Arbeiten.

Aber es geht noch weiter:
Manche Zeitplanungssysteme verlangen sogar von Ihnen, dass Sie einmal im Jahr ein Seminar von mehreren Tagen machen. Ich habe mir einmal ausgerechnet, wie viel Zeit ich durch ein solches System einsparen müsste, um diese Seminarwoche wieder hereinzubringen.

Ich habe dann vor einiger Zeit alle gängigen Zeitplanungssysteme von Führungskräften testen lassen. Der Test ist so vor sich gegangen, dass jede Führungskraft jedes Zeitplanungssystem für einen Monat zur Benutzung bekam. Danach mussten sie eine Beurteilung abgeben.

Diese war nach einzelnen Kriterien aufgegliedert und konnte nach Punkten bewertet werden.

Die beste zu erreichende Punktzahl waren 5 Punkte. Keines der Plansysteme hat diese Punktzahl erreicht. Der Schnitt lag irgendwo zwischen 3,5 und 4 Punkten. Die negativen Ausreißer kamen sogar nur auf 2 Punkte.

Daraus bildete ich mir folgende Meinung: Für den, der seine Zeit ohnehin planen kann, bringen diese Zeitplanungssysteme sehr viel. Aber: Der braucht sie gar nicht!

Wer mit seiner Zeit nicht klar kommt, wird zu viel Zeit mit der Führung des Systems brauchen oder er führt es „aus Zeitmangel" schlampig. Also: Das System schadet ihm unter Umständen mehr als es ihm nützt.

Abschlussfrage: Haben denn die Zeitplanungssysteme gar keinen Sinn? Doch! Es sind qualifizierte Kalender. Aber dafür sind sie eigentlich zu teuer. Und vor allem dienen sie dem Image!

*Zeit sparen bei Kundenbesuchen*

Sie werden zu einem Kunden gerufen und dieser Kunde erzählt Ihnen endlos von seinem letzten Urlaub, von der Krankheit seiner Frau und von den Problemen, die er mit seiner Tochter in der Schule hat. Sie sitzen wie auf heißen Kohlen. Sie schauen ab und zu auf die Uhr, aber das alles bringt nichts. Dennoch möchten Sie das Gespräch allmählich abbrechen, ohne unhöflich zu sein. Was kann man da machen? Hier ein paar Tipps:

**Zeit gewinnen – auch bei Kundenbesuchen**

1. Steuern Sie das Gespräch aktiv durch Fragen. Lenkt Ihr Gesprächspartner ab, bringen Sie ihn durch Fragen wieder zurück. Sie haben dadurch das Gespräch, den Gesprächsverlauf und die Gesprächslänge besser im Griff. Selbst wenn er von seinen privaten Problemen oder Sorgen erzählt, können Sie durch Zwischenfragen das Gespräch steuern. Versuchen Sie es einmal. Wenn Sie lernen wollen, wie man Gespräche durch Fragen steuert: Bestellen Sie meinen Videovortrag „Stell dir vor du redest – und niemand hört zu!"

2. Sie kennen ja die Ihrer Kunden, die sich endlos lange mit Ihnen festplaudern wollen. Vereinbaren Sie mit einem solchen Kunden einen Termin, der kurz vor dem Ende seiner offiziellen Bürozeit liegt. Sie wissen, dass der Kunde um 17 Uhr Feierabend macht. Also vereinbaren Sie einen Termin um 16.30 Uhr, weil Sie vorher in gar keinem Fall kommen können. Sie werden merken, dass das Gespräch spätestens um 17.15 Uhr zu Ende ist. Sie haben die Gesprächsdauer verkürzt, ohne dass der Kunde beleidigt sein kann.

3. Achten Sie auch während des Gespräches immer auf die Zeit. In vielen Besprechungsräumen und Büros hängen große Uhren, auf die man immer wieder schauen kann. Wenn Ihnen der Kunde sympathisch ist oder wenn er gerade über Dinge plaudert, die auch für Sie interessant sind, merken Sie sonst gar nicht, wie schnell die Zeit vergeht.

4. Arbeiten Sie beim Gespräch mit Grafiken und Bildern. Man kann dem Kunden einen Preisunterschied für ein Angebot mit wenigen Strichen optisch viel deutlicher machen als durch langes Reden. Wenn es um einen Preis geht, schreiben Sie die Zahl deutlich sichtbar in großer Schrift auf ein DIN-A4-Blatt und legen Sie es vor den Kunden auf den Tisch. Sie wissen sicher aus eigener Erfahrung, wie schlecht man sich Zahlen merken kann. Diese Zahl ist, wenn sie auf dem Tisch liegt, jederzeit sichtbar.

Sie ersparen sich dadurch das häufige Wiederholen und Erklären dieser Zahl oder auch anderer Angaben.

5. Wenn Ihnen das Gespräch zu lange dauert, fassen Sie es zusammen. Sagen Sie dem Kunden: „Ich fasse jetzt einmal zusammen, was wir bisher besprochen haben." Dadurch bringen Sie das Gespräch zu einem psychologischen Ende oder kürzen es zumindest ab.

6. Wenn alle diese Tipps nicht helfen, sagen Sie dem Kunden ganz offen, dass Sie das Gespräch jetzt leider beenden müssten, weil Sie auch bei Ihrem nächsten Kunden, genau wie bei ihm, pünktlich sein möchten.

Probieren Sie diese verschiedenen Möglichkeiten und Sie werden erkennen, dass Sie in einzelnen Fällen dadurch erheblich Zeit gewinnen können.

*Wo haben Sie Ihre wichtigen Informationsquellen?*

Es gibt Unterlagen, die Sie immer wieder brauchen. Ich denke in diesem Falle nicht an Ordner oder Korrespondenzen, sondern an Nachschlagewerke. Der Duden, das Telefonbuch, ein fachliches Nachschlagewerk – alles das sind Dinge, die man im Laufe eines Tages ganz plötzlich braucht und in denen man etwas suchen muss. Vielleicht sind es bei Ihnen andere Bücher. So steht auf meinem Schreibtisch z. B. auch ein Synonymwörterbuch, weil ich manchmal einen anderen Ausdruck für einen bestimmten Begriff suche.

**Wie lange müssen Sie nach dem Duden suchen?**

Alle diese Bücher sollten im Griffbereich sein. Machen Sie es bitte nicht so, wie ich es in einer Druckerei erlebt habe. Dort war der einzige im Hause vorhandene Duden im Schreibtisch der Chefsekretärin. Sollte es jemand wagen sich den Duden auszuleihen, wurde er ironisch von der Sekretärin gefragt, ob er denn die deutsche Sprache nicht beherrsche. Ergebnis: Niemand holte sich mehr den Duden. Die Konsequenz daraus können Sie sich sicher leicht vorstellen.

In meiner Firma war es Standard, dass jeder meiner Mitarbeiter an seinem Schreibtisch einen aktuellen Duden hatte. Wer behauptet, in der deutschen Rechtschreibung so sicher zu sein, dass er keinen Duden braucht, verrät damit nur, dass er keine Ahnung von den Klippen hat, die unsere Sprache bietet. Achten Sie nur einmal auf die Fehler, die Sie auch in diesem Buch finden werden.

Genauso zeitraubend ist es aber auch, wenn man sich Telefon-, Adress- oder Faxbücher aus einem Nebenbüro erst besorgen muss. Ich weiß, dass ich mich jetzt wiederhole. Es ist nicht nur der Laufweg dorthin. Es ist die Gefahr, dass man mit anderen Kollegen in den anderen Büroräumen ins Plaudern kommt. Das hält auf. Also ist es viel billiger, diese Nachschlagewerke für jedes einzelne Büro zu beschaffen und in Griffnähe zu lagern.

*Vorgänge sichtbar machen*

Ein Tipp, mit dem ich schon über 30 Jahre arbeite, scheint in vielen Büros überhaupt nicht bekannt zu sein. Eine Magnetwand.

**Preiswert und sehr, sehr nützlich: Magnetwände**

Was bedeutet das? Alle Wände in meinem Büro sind magnetisch. Das ist ganz einfach zu erreichen. Man lässt beim Tapezieren unter die Tapete dünne Blechplatten kleben. Sie sind im quadratischen Format im Fachhandel erhältlich. Darüber kommt dann die Tapete. Man kann jetzt jede Notiz, jede Information, jedes kleine Bild, das einem gefällt, und vieles andere mit einfachen Magneten an dieser Wand aufhängen. Man kann die Dinge auswechseln, verschieben oder mehr in den Sichtbereich heften.

Meine Kärtchen, auf denen ich die Aufgaben des nächsten Tages festgelegt habe, werden ebenfalls durch Magnete an der Wand befestigt. Es ist mir ein haptisches Vergnügen, sie abends dort anzupinnen und ein noch größeres Vergnügen, die ersten Karten mit erledigten Arbeiten wieder wegzunehmen. Es gibt aber auch eine schicke Anzeige, eine Postkarte, die ich bekommen habe, oder andere Dinge, die ich zumindest vorübergehend mit einem Magneten an der Wand befestige.

Ebenfalls hängen an meinen Wänden die telefonischen Vorwahlnummern fürs Ausland, die Formate für die normalen Postsendungen und eine wichtige Seite der DIN 5008. Diese Seite enthält alle Richtlinien für die Gliederungen von üblichen Zahlen.

Da hängt die gezeichnete Geburtstagsglückwunschkarte, die mir ein Grafiker geschickt hat, dort hängt die von meiner Frau mir liebevoll auf den Schreibtisch gelegte Karte mit dem Spruch „Mit dir macht das Leben Spaß", aber auch die ironische Postkarte, die ich mir neulich gekauft habe mit dem Spruch „Maria wärst du hart geblieben, wäre Weihnachten uns erspart geblieben". Diese Dinge hängen natürlich nicht ewig, aber sie bleiben dort so lange hängen, wie ich Spaß daran habe.

Eine Magnetwand kostet nicht viel, aber sie macht viele Dinge sichtbar, die Sie sonst irgendwo versteckt haben oder suchen müssen.

*Diktieren Sie noch Ihrer Sekretärin Briefe?*

Obwohl es eine aussterbende Art der Beschäftigung ist, gibt es immer noch Chefs, die ihrer Sekretärin die Briefe diktieren. Es gibt nicht viele Dinge, die so zeitraubend sind wie diese Angewohnheit. Jede Störung, die von außen auf einen der beiden zukommt, hält auch beide von der Arbeit ab. Kein Chef kann weiterdiktieren, wenn er zwischenzeitlich telefonieren muss. Keine Sekretärin kann das Stenogramm aufnehmen, wenn irgendein Mitarbeiter mit einer wichtigen Frage in diesem Augenblick stört.

**1950: „Fräulein, bitte zum Dikttat!"**

Es gibt sicherlich Sekretärinnen, bei denen ich mir vorstellen kann, dass es für den Chef ein optisches Vergnügen ist, ihr 15 Minuten lang Briefe zu diktieren und sie dabei zu betrachten. Das kann zwar ein Vergnügen sein – aber es gehört nicht zur Arbeit.

Diktieren ja, aber in ein Diktiergerät. Schaffen Sie sich ein praktisches kleines Diktiergerät an, das Sie möglichst immer bei sich tragen. Sie können Ihre Briefe und andere Vorgänge diktieren, während Sie in einem Stau stehen, während Sie irgendwo auf irgendwen warten müssen oder in einer ruhigen Phase Ihres Büros. Die Sekretärin kann dann diese Briefe schreiben, wenn es auch ihr am besten in ihren Zeitplan passt.

Vorteil: Niemand braucht auf den anderen zu warten und jeder kann sich das Diktieren und das Schreiben so einrichten, dass der übrige Arbeitsfluss dadurch nicht gestört wird. Sie brauchen dafür natürlich ein gutes Diktiergerät und Ihre Sekretärin ein Abspielgerät mit Fußschalter. Aber das dürften keine unüberwindlichen Schwierigkeiten sein.

*Faxen! Aber bitte richtig!*

Bei den vielen Faxen, die ich pro Tag bekomme, habe ich den Eindruck gewonnen, dass der einzige Vorteil darin liegt, dass Leute jetzt wieder mit der Hand geschmierte Zettel einfach in ihr Faxgerät schmeißen. Der andere mag doch sehen, wie er die Sau-Schrift lesen kann. Das kann aber nicht der Sinn des Faxgerätes sein.

**Wenn Faxe, dann bitte lesbar!**

Die Vorteile liegen darin, dass man schriftliche Informationen in Sekundenschnelle übermitteln kann. Es gibt aber noch einen weiteren Vorteil, der scheinbar von vielen noch nicht erkannt worden ist: Man kann die Faxformulare so gestalten, dass der andere in der Lage und auch motiviert ist, umgehend zu antworten.

Ich habe Ihnen hier das Faxformular abgebildet, das ich in meiner Firma benutze. Sie können sich nicht vorstellen, wie praktisch das für den Empfänger ist. Er bekommt das Fax, hat Platz zum Antworten und erledigt das auch sofort.

Ich kann das Nächste nicht beweisen, aber ich bin überzeugt, dass es stimmt: Ich würde viel länger auf Antwort warten müssen, wenn der Empfänger erst einen Brief diktieren oder selber schreiben müsste, den er dann abschickte. Das würde sicherlich Tage dauern. Dieses Faxformular provoziert schnelles Antworten und Reagieren.

Eine andere Möglichkeit ist die Folgende: Sie bekommen per Post einen Brief, den Sie möglichst schnell beantworten wollen.

Sie schreiben in einen freien Raum dieses Briefes Ihre Antwort, so kurz gefasst wie möglich. Zur Kenntlichmachung ziehen Sie einen Linienrand um diesen Text oder markieren Sie ihn mit einem Pfeil. Dann legen Sie das Ganze in das Faxgerät. So hat der Absender des Briefes innerhalb von wenigen Minuten Ihre Antwort. Er hat gleichzeitig den gesamten Vorgang vorliegen und braucht auf diese Weise nicht erst seine Kopien aus der Unterlage herauszusuchen.

In diesem Zusammenhang noch einen anderen Tipp. Es kommt immer wieder vor, dass ich Briefe versende und auf Antwort warte. Aus irgendwelchen Gründen antwortet der Empfänger aber nicht. Ich nehme dann eine vorbereitete DIN A4 große Klarsichtfolie, auf die ich folgenden Text im Fotokopierer kopiert habe: „Ist dieser Brief bei

**Eine vornehme Erinnerung**

Ihnen eingetroffen? Oder hat die Post mal wieder gebummelt? Ich habe noch nichts von Ihnen gehört!" Diese Schrift ist etwa 24 Punkt groß und steht diagonal auf der Folie.

Dann nehme ich aus meiner Ablage die Briefkopie des Briefes, den ich an den Empfänger geschickt habe, lege die Klarsichtfolie darauf und kopiere das Ganze erneut. Diese neue Kopie mit den schräg gestellten Zeilen schicke ich dann wieder an den Empfänger.

Vorteil: Der Empfänger hat den gesamten Vorgang wieder vorliegen und braucht nicht nach dem vermutlich verschwundenen Brieforiginal zu suchen. Komischerweise kommen dann die Antworten!

*Wie finde ich einen Vorgang am besten wieder?*

**Verdammt, wo ist der Vorgang!**

Es entstehen immer wieder geschäftliche Vorgänge, für die es mehrere Möglichkeiten der Ablage gibt. Nehmen wir an, es handelt sich um die Anfrage eines Kunden, die Sie termingerecht beantworten wollen. Da der ganze Vorgang etwa drei Wochen Zeit hat, gibt es mehrere Möglichkeiten, diese Anfrage abzulegen:

1. Sie können sie in eine Terminmappe legen.

2. Sie können sie in die Mappe „Anfragen" legen.

3. Sie können sie in die Mappe des betreffenden Kunden legen.

Jeder dieser Vorgänge hat den Nachteil, dass Sie nicht mehr genau wissen, wohin Sie ihn abgelegt haben, wenn Sie ihn suchen. Das ergibt, Sie haben es alle schon erlebt, endlos langes Suchen, viel Aufregung, viel Stress und verbraucht viel Zeit und kostet viel Kraft. Aber auch hier gibt es eine ganz einfache Möglichkeit, diesen Vorgang jederzeit ohne langes Suchen wiederzufinden: Sie machen von dem Vorgang drei Kopien und schreiben darauf: „Originalvorgang liegt in Terminmappe unter 25.7." Dann legen Sie die anderen beiden Kopien in die anderen beiden Mappen ab. Wohin immer Sie jetzt schauen – überall finden Sie die Information, wo der Originalvorgang liegt.

Besteht der Vorgang aus mehreren Blättern, genügt es natürlich, wenn Sie nur die 1. Seite fotokopieren.

Der Aufwand die Kopien zu fertigen, ist sehr gering. Viel, viel geringer als umständliches Suchen, wo der Vorgang wohl sein könnte. Außerdem kostet Suchen Nerven und dadurch Kraft. Mit dieser simplen Methode haben meine Mitarbeiter und ich sehr oft sehr viel Zeit gespart.

*Ein privater Tipp: Zeitmanagement für Ihre Freizeit!*

Den nächsten Absatz können Sie überschlagen, wenn Sie ihn für inhuman halten. Ich halte ihn für vernünftig und rationell. Meine Freizeit ist begrenzt. Meine Freizeit ist sehr kostbar – zumindest für mich. Ich habe irgendwann einmal begriffen, dass ich nur einmal lebe. Und ich habe auch begriffen, dass meine Lebenszeit mit jeder Minute immer kürzer und immer kürzer wird.

Tief beeindruckt hat mich die Aussage eines Widerstandskämpfers des Nationalsozialismus, der von der Gestapo zum Tode verurteilt wurde.

Nach der Urteilsverkündung sagte er: „Zum Tode verurteilt war ich bereits am Tage meiner Geburt. Sie können nur den Termin etwas vorverlegen."

Haben Sie beim Lesen dieser Aussage auch gespürt, dass unser Leben nicht endlos ist? Wenn man 20 ist, merkt man das noch nicht. Wenn man 30 Jahre alt geworden ist, sollte man zumindest ab und zu einmal daran denken. Mit 40 Jahren sollte es einem sehr bewusst sein, dass man wahrscheinlich die Hälfte seines aktiven Lebens bereits hinter sich haben könnte. Nun, und mit 50 und 60 Jahren kann man sich ausrechnen, dass der Rest des Lebens überschaubar geworden ist.

**Ich verbringe meine Freizeit nicht mit dummen Menschen!**

Warum schreibe ich Ihnen das? Ich habe mir den Grundsatz aufgestellt, meine Freizeit nicht mit dummen Menschen zu verbringen!

Ich weiß, dass das sehr hart klingt. Wenn ich in meinen Vorträgen diesen Satz sage, kann ich förmlich sehen, wie die Gesichter einiger Zuhörer erstarren.

Wie bin ich zu dieser ziemlich harten Einstellung gekommen? Es ist mir in meinem Leben öfter passiert, dass ich Menschen getroffen habe, die mir sympathisch zu sein schienen. Oft war es so, dass ich den Mann im Berufsleben kennen gelernt habe und der Meinung war, dass man sich auch einmal von Ehepaar zu Ehepaar treffen könnte. Aber leider hat es sich öfter herausgestellt, dass die Ehepartnerin uns nicht passte. In einem ganz konkreten Fall war Folgendes passiert: Der Kollege, den ich schon seit einiger Zeit kannte, war mit seiner Werbeagentur pleite gegangen. Ich habe ihm mit Aufträgen geholfen, so viel ich nur konnte. Es ging ihm wirklich sehr schlecht. Irgendwann luden wir dann das Ehepaar zu einem Abendessen zu uns ein. Dabei hatte die Frau kein anderes Thema als zu erzählen, wie gern sie Tennis spielen ging, wie teuer das Mieten des tollen Tennisplatzes wäre und dass der Tennislehrer sehr viel Geld kostet.

Meine Frau und ich guckten uns während des ganzen Abends sehr oft erstaunt an. Als das Ehepaar gegangen war stellten wir fest, dass diese Frau nicht das geringste Verständnis für die Probleme ihres Mannes hatte. Sie war sehr egoistisch und hatte anscheinend noch gar nicht begriffen, in welch einer misslichen Situation ihr Mann war.

Wir hatten nicht die geringste Lust, uns mit diesem Ehepaar noch einmal zu treffen. Als ich den Kollegen beim nächsten Mal sah, sagte ich ihm ziemlich wörtlich: „Meine Frau und ich können ihre Frau nicht leiden. Das hat nichts mit Ihrer Frau zu tun, das ist eine ganz subjektive Einstellung von uns beiden. Ich bitte Sie darum, nun nicht die obligatorische Gegeneinladung auszusprechen. Wir würden nicht kommen. Wir würden also lügen müssen und würden Ausreden erfinden." Er war zuerst sehr erstaunt, dann erschrocken und dann beleidigt. Erst nach etwa vier Wochen rief er mich an und sagte mir, dass er sich für die ehrliche Aussage bedanken möchte, dass er aber Zeit gebraucht hätte, um darüber hinwegzukommen.

Ähnliche Vorgänge sind mir öfter passiert. Ich habe einfach keine Lust, mich in meiner Freizeit mit anderen Menschen darüber zu unterhalten, welche Kochrezepte sie gerade gefunden haben, welche großartigen Enkel sie haben oder dass sie mit ihrem Hund zum Tierarzt gehen mussten.

Missverstehen Sie mich bitte nicht! Ich habe vielen Menschen in meinem Berufsleben geholfen und habe sie beraten. Das hat mich viel Zeit gekostet. Ich habe es nie genau nachgezählt, aber ich glaube, ich habe mindestens 500 jungen Menschen stundenlange Hilfe gegeben, wenn es um ihre Berufswahl ging oder um ihr Abschlussdiplom einer Fachhochschule. Das ist für mich eine selbstverständliche Pflicht. Ich meine, wir Älteren, die es beruflich zu einem befriedigenden Ergebnis gebracht haben, haben die Pflicht, jungen Menschen zu helfen.

Ich habe aber nicht die geringste Lust, mir dümmliches Blabla irgendwelcher Leute in meiner Freizeit anzuhören. Es lässt sich, das meine ich leicht ironisch, manchmal leider nicht vermeiden, dass man im Geschäftsleben mit Menschen zusammentrifft, die über das Boulevardzeitungsniveau nicht hinausgekommen sind. Damit kann ich eine befristete Zeit, allerdings nicht ewig, leben. Im Privaten habe ich das nicht vor. Ich werde es nicht tun und ich werde meine Freizeit dafür nicht miss-brauchen lassen.

Bevor Sie mich jetzt wegen dieser Haltung verurteilen, denken Sie bitte noch einmal daran: Auch Sie leben nur einmal!

**Goethe war ein
kluger Kopf**

Goethe soll gesagt haben: „Wenn die Menschen, die ich gestern auf der Gesellschaft getroffen habe, Bücher gewesen wären – ich hätte sie nicht gelesen!"

Haben Sie Ihren Blumenstrauß gefunden?

Liebe Leserin, lieber Leser. Sie sind jetzt am Ende dieses Buches angelangt. Ich wünsche mir, dass Sie es mit Interesse und Spaß gelesen haben. Und ich wünsche Ihnen, dass Sie sich durch farbige Kennzeichnung ein paar Blumen aus dem großen Strauß die Tipps herausgesucht haben, die Sie ab sofort oder ab morgen oder spätestens ab nächsten Montag probieren wollen. Wenn Sie das nicht tun, habe nicht ich den Nachteil davon – aber vielleicht Sie. Ich wünsche Ihnen, dass Sie durch die Blumen, die Sie sich ausgewählt haben, Minuten einsparen, die zu Stunden werden. Zu Stunden, die Sie denken, planen und vor allem „leben" können.

Zum Schluss noch etwas Humoriges:

Diesen nicht ernst gemeinten Kalender für Stressgeplagte faxte mir ein Teilnehmer nach einem meiner Seminare. Ich weiß nicht, wer ihn entworfen hat. Aber ich finde, es ist ein guter Abschluss für dieses Buch. Aber: Weil wir einen solchen Kalender nicht haben, sollten Sie andere Tipps aus diesem Buch realisieren.

| DI | MI | DO | FR | FR | FR | Reserve |
|----|----|----|----|----|----|---------|
| 8  | 7  | 6  | 5  | 4  | 3  | 2       |
| 16 | 15 | 14 | 12 | 11 | 10 | 9       |
| 23 | 22 | 21 | 20 | 19 | 18 | 17      |
| 30 | 29 | 28 | 27 | 26 | 25 | 24      |
| 37 | 36 | 35 | 34 | 33 | 32 | 31      |

Dieser Kalender wurde speziell für eilige Arbeiten entwickelt. Er bietet folgende Vorteile:

1. Bekanntlich lautet der Termin für eilige Arbeiten „GESTERN". Mit Hilfe dieses Kalenders kann ein Auftrag z. B. am 7. angenommen und am 6. fertig gestellt werden.

2. Die meisten Arbeiten sollen am Freitag fertig sein. Deshalb hat jede Woche drei Freitage.

3. Um ausreichend Zeit für die am Monatsende sich überschlagenden Termine zur Verfügung zu haben, erhält jeder Monat sechs zusätzliche Tage.

4. Es gibt keinen „Ersten" mehr, dadurch können Terminarbeiten nicht mehr vom Monatsende auf den „Ersten" verschleppt werden.

5. Der blaue Montag wurde ebenfalls abgeschafft, wie die unproduktiven Samstage und Sonntage.

6. Der 13. wurde gestrichen, um abergläubischen Mitarbeitern vorzu-
   beugen.

7. Neu ist der Reservetag: Mit seiner Hilfe kann vermieden werden,
   dass bei Erledigung besonders eiliger Aufträge Panik ausbricht.

Viel Erfolg wünscht Ihnen

Wolfgang Dorn